中华人民共和国海船船员培训大纲熟悉训练资源

水 手 业 务

大连海事大学交通运输教材研究所 组织编写

水手

大连海事大学出版社

Ⓒ 中国海事服务中心　2021

图书在版编目(CIP)数据

水手业务／中国海事服务中心编. — 大连：大连
海事大学出版社，2021.2(2023.3重印)
中华人民共和国海船船员培训大纲熟悉训练资源
ISBN 978-7-5632-4128-6

Ⅰ.①水…　Ⅱ.①中…　Ⅲ.①船员—技术培训—教材
Ⅳ.①U676.2

中国版本图书馆 CIP 数据核字(2021)第 029263 号

大连海事大学出版社出版

地址:大连市黄浦路523号　邮编:116026　电话:0411-84729665(营销部)　84729480(总编室)
http://press.dlmu.edu.cn　E-mail:dmupress@dlmu.edu.cn

大连天骄彩色印刷有限公司印装　　　　　　　　**大连海事大学出版社发行**

2021 年 2 月第 1 版　　　　　　　　　　　2023 年 3 月第 2 次印刷
幅面尺寸:170 mm×240 mm　　　　字数:151 千　　　　印张:8
出版人:刘明凯

责任编辑:宋彩霞　　　　　　　　　　　　　　　　责任校对:张　冰
封面设计:解瑶瑶　　　　　　　　　　　　　　　　版式设计:解瑶瑶

ISBN 978-7-5632-4128-6　　　定价:24.00 元

前　言

为有效履行《1978 年海员培训、发证和值班标准国际公约》，进一步规范海船船员的培训、发证工作，提高培训质量，提升海员业务素质，交通运输部颁布了《中华人民共和国海船船员适任考试和发证规则》(以下简称"20 规则")，并发布《中华人民共和国海事局关于印发〈中华人民共和国海船船员适任考试和发证规则实施办法〉的通知》。通知指出："'20 规则'第二十九条规定的适任考试按照《海船船员培训大纲》确定的适任标准和内容实施。"

为更加有效地配合海船船员适任考试培训，帮助考生顺利通过考试，大连海事大学交通运输教材研究所在深入解读《海船船员培训大纲》的基础上，研究部海事局公布的大纲训练资源，针对海船船员适任考试的特点，组织编写了"中华人民共和国海船船员培训大纲熟悉训练资源"(以下简称"训练资源")。

"训练资源"涵盖了各航区、各船舶等级、各部门的海船船员，所有专业、职级的考试内容，包括：

《航海学》(船长/大副)　　　　　　　　《航海学》(二/三副)

《船舶操纵与避碰》(船长/大副)　　　　《船舶操纵与避碰》(二/三副)

《船舶结构与货运》(大副)　　　　　　《船舶结构与货运》(二/三副)

《航海英语》(船长/大副)　　　　　　　《航海英语》(二/三副)

《船舶管理》(船长/大副)　　　　　　　《船舶管理》(二/三副)

《GMDSS 综合业务》

《GMDSS 英语阅读》

《主推进动力装置》(大管轮)　　　　　《主推进动力装置》(二/三管轮)

《船舶辅机》(大管轮)　　　　　　　　《船舶辅机》(二/三管轮)

《船舶电气与自动化》(轮机长/大管轮)　《船舶电气与自动化》(二/三管轮)

《船舶管理》(轮机长/大管轮)　　　　　《船舶管理》(二/三管轮)

《轮机英语》(轮机长/大管轮)　　　　　《轮机英语》(二/三管轮)

《船舶动力装置》(轮机长)

《船长/驾驶员训练指南》(未满 500 总吨)

《轮机长/大管轮训练指南》(未满 750 kW)

《二/三管轮训练指南》(未满 750 kW)

《船舶电气》(电子电气员)
《船舶机舱自动化》(电子电气员)
《船舶管理》(电子电气员)
《信息技术与通信导航系统》(电子电气员)
《电子电气员英语》(电子电气员)

《水手业务》
《机工业务》
《电子技工业务》

《基本安全》　　　　　　　　　　《油船和化学品船货物操作》
《精通救生艇筏和救助艇、精通快速　《液化气船货物操作》
救助艇、高级消防》　　　　　　　《客船船员特殊培训》
《船舶医疗》　　　　　　　　　　《大型船舶操纵特殊培训》
《船舶保安》　　　　　　　　　　《高速船船员特殊培训》
　　　　　　　　　　　　　　　　《船舶装载危险和有害物质作业》
　　　　　　　　　　　　　　　　《使用气体或其他低闪点燃料船舶》
　　　　　　　　　　　　　　　　《极地水域船舶操作》

　　"训练资源"具有针对性强、实用性强的特点,是海船船员参加适任考试、培训必不可少的参考书。

　　"训练资源"的出版,得到了中国海事服务中心的大力支持,在此表示感谢。在"训练资源"的编写过程中得到了各海事管理机构、航海院校、海员培训机构、航运企业等单位的关心和帮助,特致谢意。

大连海事大学交通运输教材研究所
2020 年 12 月

目　录

第一章

操舵

第一节　磁罗经和陀螺罗经

1. 罗经差是罗北偏离真北的角度。

 A. 对   B. 错

2. 真航向是指_____。

 A. 船首尾线的方向

 B. 船首向

 C. 船舶航行时真北线顺时针算至船首尾线的夹角

3. 磁罗经北偏离真北的角度叫作_____。

 A. 磁差   B. 自差

 C. 罗经差

4. 陀螺罗经北偏离真北的角度叫作_____。

 A. 自差   B. 罗经差

 C. 电罗经差

5. 下列_____符号指陀罗航向。

 A. CC   B. GC

 C. CB

6. 磁差随着地区和时间的不同而_____。

 A. 不变   B. 变化

 C. 只随地区的不同而变化,与时间无关

7. 船舶在航行过程中,经常要比对磁罗经航向与陀罗航向,其主要目的是_____。

 A. 求罗经差   B. 求自差

 C. 及时发现罗经工作的不正常

8. 磁差不仅随着地区和时间的不同而变化,而且也受着地磁异常和磁暴的影响。

A. 对   B. 错

9. 船首尾线向船首方向的延伸线叫作_____。

    A. 首尾线向   B. 航向线

    C. 方位线

10. 由真北线按顺时针方向量至航迹线的角度是_____。

    A. 船首线   B. 计划航向

    C. 航迹向

11. 罗经差是罗北偏离真北的角度。

    A. 对   B. 错

12. 计划航向是由真北线按顺时针方向量至航迹线的角度。

    A. 对   B. 错

13. 真航向是指船舶航行时真北线顺时针算至船首尾线的夹角。

    A. 对   B. 错

14. 陀螺罗经北偏离真北的角度叫作电罗经差。

    A. 对   B. 错

15. 磁罗经自差主要随_____的改变而变化。

    A. 地区   B. 时间

    C. 航向

16. CB 符号指陀罗航向。

    A. 对   B. 错

17. 磁差随着地区和时间的不同而不变。

    A. 对   B. 错

18. 船舶在航行过程中,经常要比对磁罗经航向与陀罗航向,其主要目的是及时发现罗经工作的不正常。

    A. 对   B. 错

19. 磁差不仅随着地区和时间的不同而变化,而且也受地磁异常和磁暴的影响。

    A. 对   B. 错

20. 地理纬度变化时和航速改变时,陀螺罗经差会发生变化。

    A. 对   B. 错

21. 船首尾线向船首方向的延伸线叫作首尾线向。

    A. 对   B. 错

22. 由真北线按顺时针方向量至航迹线的角度是船首线。

    A. 对   B. 错

23. 真北与磁北之间的夹角叫作_____。

中华人民共和国海船船员培训大纲熟悉训练资源

　　A. 自差　　　　　　　　　　　　　　B. 罗经差

　　C. 磁差

24. 从真北顺时针方向量至航向线的角度叫作船舶的真航向。

　　A. 正确　　　　　　　　　　　　　　B. 错误

25. 自差随航向的改变而改变。

　　A. 正确　　　　　　　　　　　　　　B. 错误

26. 由真北按顺时针方向量至航迹线的角度称为航迹向。

　　A. 正确　　　　　　　　　　　　　　B. 错误

第二节　舵令

1. 手动操舵执行的正确顺序是_____。

　　A. 口令—复诵—执行—回答　　　　　　B. 口令—执行—复诵—回答

　　C. 口令—复诵—回答—执行

2. 操舵水手听到舵令后,立即_____,当舵或航向转到指定舵角或航向时,_____。

　　A. 操纵舵轮;再向指挥人员报告一次　　B. 复诵一遍;再向指挥人员报告一次

　　C. 复诵一遍;无须向指挥人员报告

3. 当舵工听到"左舵20"口令时,回答口令的正确时机是_____。

　　A. 当舵轮转到左舵20°　　　　　　　　B. 当舵角指示器转到左舵20°

　　C. 当船舶开始向左偏转时

4. 在狭水道航行时,当听到值班驾驶员发出"把定"口令时,舵工应_____。

　　A. 操舵使舵轮指示器与舵角指示器保持一致

　　B. 操舵使船首航向不变或者使船首对准前方较明显的物标

　　C. 操舵使舵始终处于正舵位置

5. 舵工正常航行值班期间应至少_____试验手操舵一次。

　　A. 每班　　　　　　　　　　　　　　B. 每小时

　　C. 每两小时

6. 下列哪些情况下舵工不应交接班?

　　①船舶正在转向;②船舶正在避让来船;③船舶正在避让危险物标;④船舶正在沿岸航行

　　A. ①③　　　　　　　　　　　　　　B. ①②③

　　C. ①②③④

7. 船舶在进出港时,应使用哪种操舵方式?

A. 随动操舵方式 　　　　　　　　B. 自动操舵方式

C. 手柄操舵方式

8. 水手操舵时,下列做法不正确的是_____。

A. 操舵水手听到舵令后,要复诵一遍

B. 舵工在未听清口令时,可要求重复一遍

C. 按舵角操舵时,如船转得太快,舵工可先行回舵,然后报告驾驶员

9. 舵工应严格遵照舵令操舵,未得到新舵令不能任意改变航向。

A. 正确 　　　　　　　　B. 错误

10. 当罗经基线偏离在原定航向刻度时,应操_____方向的小舵角,使船首(罗经基线)返回原航向。

A. 相同 　　　　　　　　B. 相反

C. 任何

11. 船舶由于受单侧风浪、潮流、积载不当或推进器不对称等恒值干扰力矩的影响而始终向固定一侧偏转时,应采用一适当的_____来消除这种偏转,习惯称之为压舵。

A. 正向舵角 　　　　　　　　B. 反向舵角

C. 任意舵角

12. 在对自动舵的灵敏度调节时,偏航角越小,灵敏度就越高;偏航角越大,灵敏度就越低。

A. 对 　　　　　　　　B. 错

第三节　操舵方式的转换

1. 在港内操纵满载大型船时,应_____。

A. 早用舵,早回舵,用较大舵角 　　B. 早用舵,早回舵,用较小舵角

C. 早用舵,晚回舵,用较小舵角

2. 舵工在交接班时的注意事项不包括_____。

A. 转向或其他有风险的操作时,不应交接班

B. 交班舵工应告知:操舵陀螺罗经航向、磁罗经航向、操舵方式、舵角、舵性、舵效及传动系统的工作技术状态、舵机工作情况

C. 交班舵工应告知目前船位

3. 值班水手应熟悉开航前试舵的主要内容和程序,了解自动舵及自动操舵的局限性。

A. 对 　　　　　　　　B. 错

4. 船舶进出港口前或进入复杂航段前,应试验应急操舵装置。

A. 对　　　　　　　　　　　　B. 错

5. 操舵是_____的主要职责之一。
   A. 驾驶员　　　　　　　　　B. 值班水手
   C. 水手长

6. 将随动操舵转为自动操舵时,船首向必须与要求的航向一致且正舵时,才可转为自动操舵。
   A. 对　　　　　　　　　　　　B. 错

7. 在船舶转向过程中,当其逐渐接近新航向时,应根据船舶惯性和回转角速度的大小,按经验提前回舵,并可向反方向压一舵角,以防船舶回转过头。
   A. 对　　　　　　　　　　　　B. 错

8. 航行中,在舵机间使用应急舵的条件是_____。
   A. 自动舵操舵失灵　　　　　B. 随动舵操舵失灵
   C. 操舵仪不能控制舵

9. 通常船上操舵设备包含几种操作方式,它们分别是_____的操舵方式。
   A. 随动、电动、手动　　　　B. 自动、液压、随动
   C. 随动、应急、自动

10. 操舵系统中,由手柄直接控制继电器使舵机转动的装置称为_____。
    A. 随动舵　　　　　　　　　B. 自动舵
    C. 应急舵

11. 操舵时,舵令中的"把定"的含义是_____。
    A. 把住舵轮不动　　　　　　B. 操舵使舵角为0°
    C. 迅速操舵使船舶航向稳定,并保持航向不变

12. 港内操纵满载大型船时应早用舵,早回舵,用较大舵角。
    A. 对　　　　　　　　　　　　B. 错

13. 主操舵装置应具有足够的能力,使舵自一舷35°转至另一舷35°,且自任何一舷的35°转至另一舷30°的时间不超过_____秒。
    A. 28　　　　　　　　　　　　B. 35
    C. 20

14. 船舶在进出港口或遇到避让等紧急情况时应使用_____。
    A. 自动舵　　　　　　　　　B. 手操舵
    C. 应急舵

15. 船舶航行时,不准用自动舵的情况是_____。
    ①能见度不良;②航经狭水道;③进出港口;④危险航段;⑤进行改向、避让;
    ⑥交通繁忙区等

A. ④⑤⑥   B. ①②③④⑤

C. ①②③④⑤⑥

16. 舵工在未听清口令或不理解驾驶人员下达的口令时，_____。

 A. 可要求重复一遍   B. 根据情况自主判断操作

 C. 保持现状,继续等待

17. 舵工在听到驾驶人员下达舵角口令后,应_____。

 A. 立即复诵   B. 立即执行操舵

 C. 要求重复

18. 船舶由于受单侧风浪、潮流、积载不当或推进器不对称等恒值干扰力矩的影响而始终向固定一侧偏转时,_____。

 A. 应采用一适当的同向舵角来消除这种偏转

 B. 应采用一适当的反向舵角来消除这种偏转

 C. 应采用保持正舵,无视偏转

19. 舵工在交接班时注意事项包括交班舵工应告知目前船位。

 A. 对   B. 错

20. 值班水手应熟悉开航前试舵的主要内容和程序,了解自动舵及自动操舵的局限性。

 A. 对   B. 错

21. 船舶进出港口前或进入复杂航段前,应试验应急操舵装置。

 A. 对   B. 错

22. 利用随动操舵方式进行操舵时,可从_____确定舵机实际转出的舵角。

 A. 舵轮指示器   B. 舵角指示器

 C. 标准罗经

23. 船舶在避让、改变航向、追越时不得使用手操舵。

 A. 对   B. 错

24. 驾驶台前面的舵角指示器所指示的舵角是_____。

 A. 驾驶员命令的舵角   B. 舵机转出的舵角

 C. 操舵仪上所指示的舵角

25. 操舵方式中的应急操舵是指_____。

 A. 手柄操舵方式   B. 自动操舵方式

 C. 随动操舵方式

26. 操舵是驾驶员的主要职责之一。

 A. 对   B. 错

27. 手动操舵执行的正确顺序是口令—复诵—执行—回答。

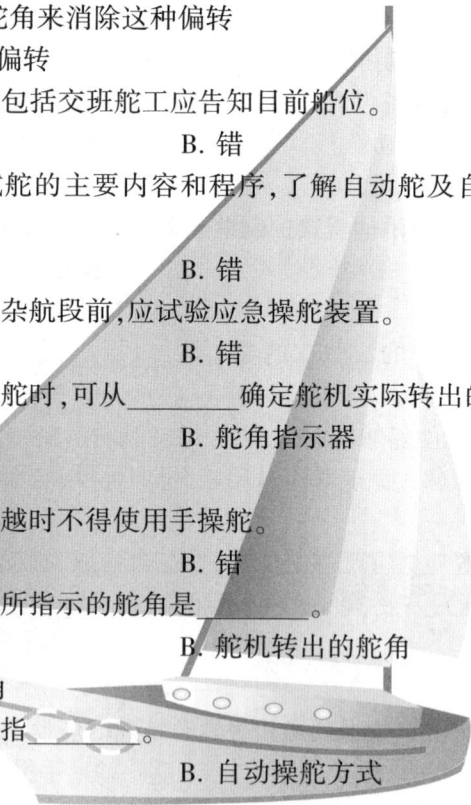

    A. 对　　　　　　　　　　　　　　B. 错

28. 使用自动舵航行,值班水手若发现自动舵出现异常情况,应立即报告驾驶员。

    A. 对　　　　　　　　　　　　　　B. 错

29. 手操舵与自动舵的相互转换由_____负责。

    A. 舵工　　　　　　　　　　　　　B. 水手长

    C. 值班驾驶员

30. 在对自动舵的灵敏度调节时,在天气好、海况良好的情况下,可将灵敏度调
    _____一些;而当天气转坏、海况恶劣时,应将灵敏度调_____一些。

    A. 高;低　　　　　　　　　　　　B. 低;高

    C. 不调;不调

31. 值班驾驶员应_____检查自动舵的运动情况,并核对陀螺罗经、磁罗经航向
    是否正确,督促舵工经常核查。_____至少试验手操舵一次。

    A. 每小时;每班　　　　　　　　　B. 每班;每小时

    C. 每班;每班

32. 如用自动改向旋钮进行航向调整,最大调整幅度一般不超过_____。

    A. 5°　　　　　　　　　　　　　　B. 10°

    C. 15°

33. 对于自动舵调节旋钮中的"灵敏度调节",海况恶劣时_____。

    A. 可调得低一些　　　　　　　　　B. 可调得高一些

    C. 不需要调节

34. 自动舵操舵仪中,比例旋钮又称_____。

    A. 舵角调节旋钮　　　　　　　　　B. 反舵角调节旋钮或速率调节

    C. 天气调节或航摆角调节

35. 在使用自动舵的自动改向调节时,若需大角度改向,则应分几次进行,一般每
    次不超过_____。

    A. 5°　　　　　　　　　　　　　　B. 10°

    C. 15°

36. 使用自动改向旋钮改向时,每次只能进行小度数改向,若需大角度改向,则应
    分几次进行,一般每次不超过15°。

    A. 对　　　　　　　　　　　　　　B. 错

37. 关于自动舵的使用,下列说法正确的是_____。

    A. 进出港口,航经狭水道、分道通航区、避让和改变航向时不得使用自动舵

    B. 手操舵与自动舵的转换由值班水手负责

    C. 值班水手应每小时检查自动舵的运动情况

38. 船舶在通航密度小的海域或大洋航行时,往往采用随动舵。

    A. 对   B. 错

39. 自动舵的舵角调节,在海况不好时应调低些;风平浪静时应调高些。

    A. 对   B. 错

40. 使用自动舵时,值班水手应每小时检查自动舵一次。

    A. 正确   B. 错误

参考答案

第一节　磁罗经和陀螺罗经

1. A	2. C	3. C	4. C	5. B	6. B	7. C	8. A	9. B	10. C
11. A	12. B	13. A	14. A	15. C	16. B	17. B	18. A	19. A	20. A
21. B	22. A	23. C	24. A	25. A	26. A				

第二节　舵令

1. A	2. B	3. B	4. B	5. A	6. B	7. A	8. C	9. A	10. B
11. B	12. A								

第三节　操舵方式的转换

1. A	2. C	3. A	4. A	5. B	6. A	7. A	8. C	9. C	10. C
11. C	12. A	13. A	14. B	15. C	16. A	17. A	18. B	19. B	20. A
21. A	22. B	23. B	24. B	25. A	26. B	27. A	28. A	29. C	30. A
31. A	32. B	33. A	34. A	35. B	36. B	37. A	38. B	39. B	40. B

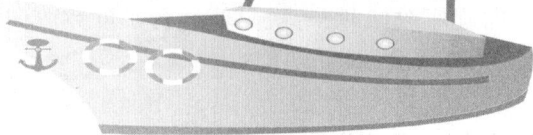

第二章
正规瞭望

第一节　瞭望职责

1. 航行时能见度不良,_____可能是主要的瞭望手段。
   - A. 视觉瞭望
   - B. 听觉瞭望
   - C. 雷达瞭望

2. 夜间航行值班驾驶员在进行海图作业时,值班水手发现海面有可疑的灯光,应_____。
   ①立即报告值班驾驶员;②立即采取措施进行避让;③立即操舵进行避让
   - A. ①
   - B. ②
   - C. ③

3. 航行值班瞭望人员的责任,包括用度或罗经点报告声号、灯号或其他目标的大致方位。
   - A. 对
   - B. 错

4. 当班水手应协助驾驶员对海面情况进行不间断的瞭望,在驾驶员进行海图作业时应_____。
   - A. 协助驾驶员定船位
   - B. 加倍警惕瞭望,发现问题及时报告
   - C. 回到舵机前,准备操舵

5. 瞭望人员不得承担可能妨碍其瞭望的其他任务。
   - A. 对
   - B. 错

6. 瞭望人员应及时以舷角或航向报告来船灯光、声号及其他物体的方位。
   - A. 对
   - B. 错

7. 舵工在操舵时必须兼作瞭望人员,协助瞭望。
   - A. 对
   - B. 错

8. 在夜间航行,应_____协助驾驶员值班。
   - A. 至少保持两名值班水手
   - B. 至少保持一名值班水手

C. 根据当时环境,决定是否保持水手值班

9. 在能见度不良的情况下,为了航行安全,派遣人员在船头加强守听、瞭望,称为_____。

    A. 瞭头   B. 单绑

    C. 守更

10. 保持正规瞭望的最基本和最主要的手段是通过_____瞭望。

    A. 视觉   B. 雷达

    C. 听觉

11. 保证船舶海上安全航行的首要做法是_____。

    A. 保持正规瞭望   B. 使用安全航速

    C. 判明碰撞危险

12. 保持正规瞭望的目的是_____。

    A. 避免紧迫局面   B. 避免紧迫危险

    C. 对局面和碰撞危险做出充分估计

13. 保持正规瞭望适用于_____。

    A. 能见度不良时的一切船舶   B. 能见度良好时的每一艘船舶

    C. 任何能见度情况下的每一艘船舶

14. 在能见度不良水域中航行时,水手应_____。

    ①全神贯注地保持正规瞭望;②认真操好舵;③发现海面有来船应及时报告值班驾驶员

    A. ①   B. ②

    C. ①②③

15. 能见度不良航行时,_____可能是主要的瞭望手段。

    A. 视觉瞭望   B. 听觉瞭望

    C. 雷达瞭望

16. 航行时值班驾驶员进行海图作业或进行雷达系统观察时,值班水手应_____。

    ①保持正规瞭望;②协助驾驶员进行海图作业;③发现异常情况立即报告值班驾驶员

    A. ②   B. ③

    C. ①③

17. 每一船舶应经常用视觉、听觉以及适合当时环境和情况下一切有效的手段保持正规的瞭望,以便对局面和碰撞危险做出充分的估计。

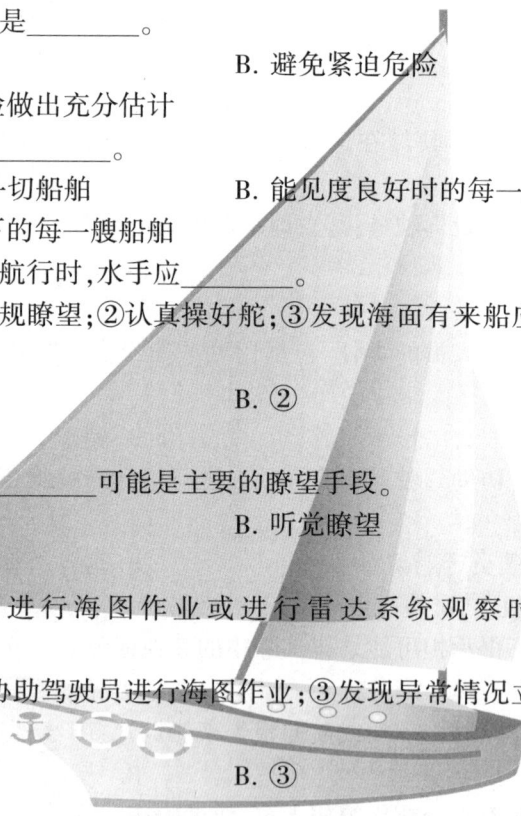

    A. 对   B. 错

18. 保持正规瞭望的最基本和最主要的手段,是通过视觉瞭望。

    A. 对　　　　　　　　　　　　　　B. 错

19. 瞭望的最终目的是_____。

    A. 发现其他船舶　　　　　　　　　B. 发现水面上的危险物

    C. 对局面和碰撞危险做出充分的估计

20. 能见度不良时的主要瞭望手段是_____。

    A. 视觉瞭望　　　　　　　　　　　B. 听觉瞭望

    C. 雷达瞭望

21. 视觉瞭望是最基本的瞭望手段。

    A. 对　　　　　　　　　　　　　　B. 错

第二节　地理坐标、方位、距离和舷角

1. 地理坐标是建立在地球椭圆体表面上的。

    A. 对　　　　　　　　　　　　　　B. 错

2. 地理坐标的起算点是地心。

    A. 对　　　　　　　　　　　　　　B. 错

3. 地理坐标是建立在_____表面上的。

    A. 地球圆球体　　　　　　　　　　B. 大地球体

    C. 地球椭圆体

4. 地理坐标的起算点是_____。

    A. 地心　　　　　　　　　　　　　B. 赤道与格林子午线的交点

    C. 赤道与测者子午线的交点

5. 两极之间的纬差是_____。

    A. 90°　　　　　　　　　　　　　B. 180°

    C. 270°

6. 航向线与物标方位线之间的夹角叫作物标的舷角。

    A. 对　　　　　　　　　　　　　　B. 错

7. 圆周法始终用3位数字来表示方向。

    A. 对　　　　　　　　　　　　　　B. 错

8. 船舶航向变化与物标的真方位的关系为:船舶的航向改变,物标的真方位也改变。

    A. 对　　　　　　　　　　　　　　B. 错

9. 用罗经点法表示方向时包含_____个方向点。

A. 8   B. 16

C. 32

10. N、E、S、W 4 个点在方向上被称为_____。

 A. 基点   B. 偶点

 C. 三字点

11. 一个罗经点的度数为 11.15°。

 A. 对   B. 错

12. 航海上常使用半圆法表示风流的大致方向。

 A. 对   B. 错

13. 真方位是指_____。

 A. 真北线顺时针算至方位线的夹角 B. 航向线与方位线的夹角

 C. 真北线与船首线的夹角

14. 航海上把地球椭圆子午线上纬度 1′所对应的弧长定为_____。

 A. 1.0 n mile   B. 1.5 n mile

 C. 0.5 n mile

15. 航速即船舶在海上的航行速度,单位为节(kn),_____=1 海里/小时。

 A. 1 节   B. 0.5 节

 C. 2 节

16. 舷角是_____。

 A. 真北到物标方位线的夹角   B. 物标的真方位

 C. 从航向线至物标方位线之间的夹角

17. 从真北方向逆时针计量至物标方位线的角度叫作物标的真方位。

 A. 对   B. 错

18. 链(cable)是计量 1 n mile 以下短距离的一种长度单位,1 链等于_____。

 A. 1/10 n mile   B. 1/5 n mile

 C. 1/2 n mile

19. 航海上用三位数表示方向,且是最常用的表示方向的方法是圆周法。

 A. 对   B. 错

20. 航海上的度量距离的长度单位最常用的是海里,1 海里标准长度是 1852 米。

 A. 对   B. 错

21. 航速是指船舶在海上航行速度,单位为节,即海里/小时。

 A. 对   B. 错

22. 在测者地面真地平平面上,以航向线为基准,从航向线至方位线之间的夹角叫作真方位。

A. 对 B. 错

23. 关于航向、方位和舷角之间的关系为:当航向改变时,物标的真方位不改变。
   A. 对 B. 错

24. 圆周法始终用 3 位数字来表示方向。
   A. 对 B. 错

25. 航海上的方向是指在_____上所指的方向。
   A. 测者地面真地平平面 B. 测者几何地平平面
   C. 测者视地平平面

26. N、E、S、W 4 个点在方向上被称为基点。
   A. 对 B. 错

27. 站在地球南极点的测者,其真北方向为_____。
   A. 向上 B. 向下
   C. 任意方向

28. 站在地球北极点的测者,其真北的方向为_____。
   A. 向上 B. 任意方向
   C. 无真北方向

29. 一个罗经点的度数为_____。
   A. 11.15° B. 11°15′
   C. 11.35°

30. 航海上用以表示风流的大致方向时,常使用_____。
   A. 圆周法 B. 半圆法
   C. 罗经点法

31. 航海上用三位数表示方向且是最常用的表示方向的方法是_____。
   A. 圆周法 B. 半圆法
   C. 罗经点法

32. 关于航向、方位和舷角之间的关系叙述不正确的是_____。
   A. 当航向改变时,物标的真方位也改变
   B. 当航向改变时,物标的真方位不改变
   C. 当航向改变时,物标的舷角也改变

33. 航海上把地球椭圆子午线上纬度 1′所对应的弧长定为 1 n mile。
   A. 对 B. 错

34. 航速即船舶在海上的航行速度,单位为节(kn),1 节 = 1 海里/小时。
   A. 对 B. 错

35. 链(cable)是计量 1 n mile 以下短距离的一种长度单位,1 链等于 1/10 n mile。

A. 对   B. 错

36. 航海上的度量距离的长度单位最常用的是海里,1海里标准长度是_____米。

A. 1852   B. 1258

C. 1825

37. 航速是指船舶在海上航行速度,单位为_____,即_____。

A. 公里;公里/小时   B. 节;公里/小时

C. 节;海里/小时

38. 航向线与物标方位线之间的夹角叫作物标的舷角。

A. 对   B. 错

39. 舷角是_____。

A. 真北到物标方位线的夹角   B. 物标的真方位

C. 从航向线至物标方位线之间的夹角

40. 在测者地面真地平平面上,以航向线为基准,从航向线至方位线之间的夹角叫作_____。

A. 真航向   B. 真方位

C. 舷角

41. 在测者地面真地平平面上,以真北方向顺时针计量至物标方位线的角度叫作物标的真方位。

A. 对   B. 错

42. 物标的真方位与船舶航向变化关系为航向改变,物标的真方位也改变。

A. 对   B. 错

43. 真方位是指_____。

A. 真北线顺时针算至方位线的夹角   B. 航向线与方位线的夹角

C. 真北线与船首线的夹角

44. 从真北方向逆时针计量至物标方位线的角度叫作物标的真方位。

A. 对   B. 错

45. 航海上1海里的定义是_____。

A. 1852米

B. 地球椭圆体上球心角1度所对应的子午线弧长

C. 地球椭圆子午线上纬度1分所对应的弧长

46. 在测者地面真地平平面上,以航向线为基准,从航向线至方位线之间的夹角叫作物标的真方位。

A. 正确   B. 错误

47. 两极之间的纬差是_____。

　　A. 90°   B. 180°

　　C. 270°

48. 将地球分为南、北两个半球的是_____。

　　A. 赤道   B. 地轴

　　C. 经线圈

49. 地理经度是_____。

　　A. 某地到赤道的经线弧度

　　B. 格林经线与某地经线在赤道上所夹的优弧长

　　C. 格林经线与某地经线在赤道上所夹的劣弧长

50. 地球上任意一点都可以用地理经度和地理纬度表示。

　　A. 对   B. 错

51. 地理纬度的度量方法是_____，范围0°~90°。

　　A. 从格林经线起,向南或向北   B. 从格林经线起,向东或向西

　　C. 从赤道起,向南或向北

52. 地球上任意一点都可以用地理经度和地理纬度表示。

　　A. 对   B. 错

53. 下列关于经差和纬差说法正确的是_____。

　　A. 纬差不能大于90°   B. 经差不能大于180°

　　C. 到达点在南半球,纬差方向为南

54. 下列关于经度、纬度、经差和纬差说法错误的是_____。

　　A. 经度最大为180°   B. 纬度最大为180°

　　C. 纬差最大为180°

55. 下列关于纬差方向的说法中,正确的是_____。

　　A. 到达点在南半球,纬差方向为南

　　B. 由北半球航行至南半球,纬差方向为南

　　C. 船舶在北半球航行,纬差方向为北

第三节　常见助航标志

1. 属于音响助航标志的是_____。

　　A. 灯塔   B. 灯船

C. 雾笛

2. 关于航标的作用,下列说法不正确的是_____。

　　A. 标示航道

　　B. 供船舶定位

　　C. 大风浪中供船舶系固,减小船舶受风、流的影响

3. 固定航标中不包括灯船。

　　A. 对　　　　　　　　　　　　　　B. 错

4. 水上航标不包括_____。

　　A. 立标　　　　　　　　　　　　　B. 灯船

　　C. 浮标

5. 浮标设置在海港和沿海航道以及水下危险物附近,可以用浮标进行准确的定位。

　　A. 对　　　　　　　　　　　　　　B. 错

6. 航标的种类分为_____。

　　①固定航标;②水上浮动航标;③无线电航标;④灯桩;⑤立标

　　A. ①②③　　　　　　　　　　　　B. ③④⑤

　　C. ①③④

7. 属于固定航标的是_____。

　　A. 灯塔　　　　　　　　　　　　　B. 灯船

　　C. 雷达航标

8. 雾笛属于音响助航标志。

　　A. 对　　　　　　　　　　　　　　B. 错

9. 航标的作用是在大风浪中供船舶系固,减小船舶受风、流的影响。

　　A. 对　　　　　　　　　　　　　　B. 错

10. 固定航标中不包括_____。

　　A. 灯塔　　　　　　　　　　　　　B. 灯桩

　　C. 灯船

11. 根据航标的种类和作用,灯桩属于_____。

　　A. 固定航标　　　　　　　　　　　B. 水上航标

　　C. 无线电航标

12. 侧面标志中航道左侧标的颜色为_____。

　　A. 红色　　　　　　　　　　　　　B. 绿色

　　C. 黑色

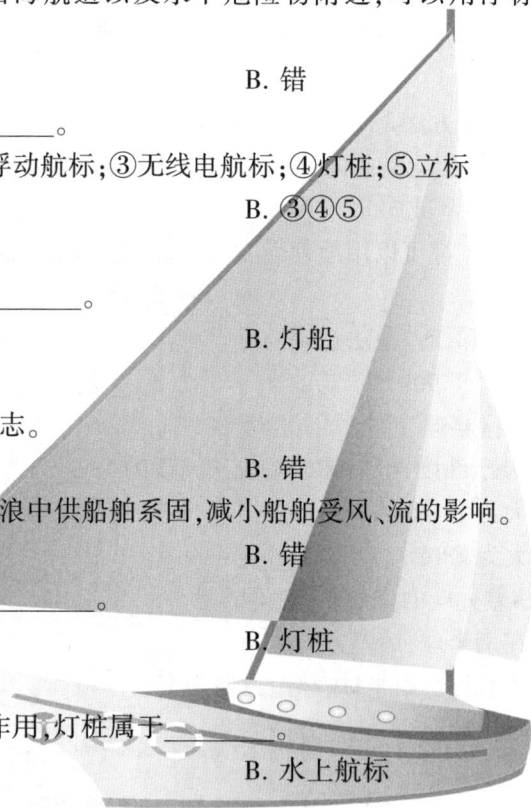

13. 侧面标志中推荐航道左侧标为_____。
   A. 单个红色罐形
   B. 单个绿色锥形,锥顶向上
   C. 单个黑色球形

14. 在我国沿海航行,出港船舶应将左侧标置于右舷通过。
   A. 对
   B. 错

15. 我国沿海推荐航道左侧标的涂色是绿色中间红色横纹。
   A. 对
   B. 错

16. 《中国海区水上助航标志》规定的基本浮标形状有罐形、锥形、球形、柱形、方形。
   A. 对
   B. 错

17. 我国沿海,船舶由海上驶近港口时,确定航道走向的原则是_____。
   A. 由北向南
   B. 由里向海
   C. 由海向里

18. 我国沿海推荐航道右侧标标示推荐航道或特定航道在其_____。
   A. 左侧
   B. 右侧
   C. 前方

19. 在我国沿海,看到顶标为上、下两个黑体锥尖向上,则船舶应该_____。
   A. 在本标的南方通过
   B. 在本标的北方通过
   C. 在本标的东方通过

20. 我国左侧标的颜色规定为_____。
   A. 红色
   B. 绿色
   C. 黄色

21. 我国沿海方位标的同名一侧为_____。
   A. 可航行水域
   B. 不可航行水域
   C. 避让水域

22. 安全水域的顶标为上、下垂直的_____黑色球形。
   A. 一个
   B. 两个
   C. 三个

23. 中国水上助航标志中,白光,联甚快闪3次,周期5 s的灯标是_____。
   A. 北方位标
   B. 东方位标
   C. 南方位标

24. 白光,联闪2次,周期5 s的助航标志是_____。
   A. 北方位标
   B. 孤立危险标志

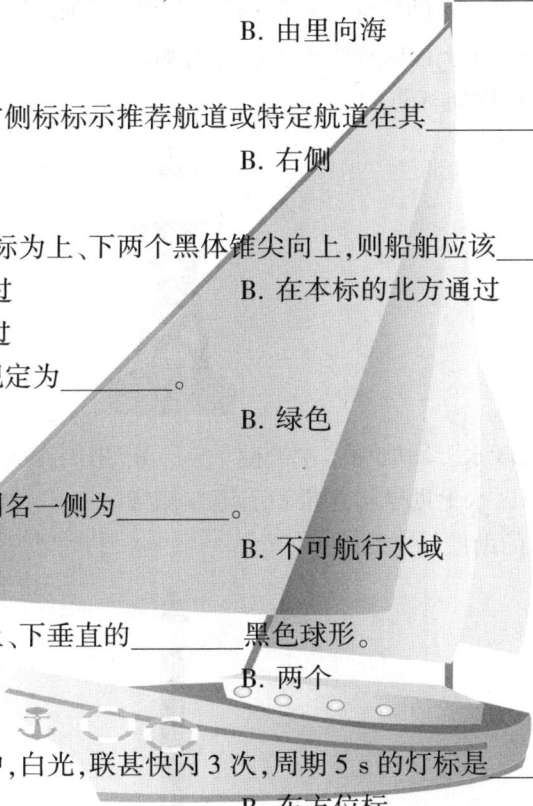

C. 专用标志

25. 确定航道走向的原则是：船舶由海向里，即从海上驶近或进入港口、河口、港湾。

    A. 对   B. 错

26. 下图所示的助航标志为_____。

    A. 中国海区水上助航标志右侧标   B. 中国海区水上助航标志左侧标

    C. 中国海区水上助航标志推荐航道右侧标

27. 下图所示的助航标志为_____。

    A. 中国海区水上助航标志左侧标   B. 中国海区水上助航标志右侧标

    C. 中国海区水上助航标志推荐航道左侧标

28. 下图所示的助航标志为_____。

    A. 中国海区水上助航标志安全水域标   B. 中国海区水上助航标志右侧标

    C. 中国海区水上助航标志左侧标

29. 下图所示的助航标志为_____。

A. 中国海区水上助航标志北方位标　　B. 中国海区水上助航标志南方位标

C. 中国海区水上助航标志西方位标

30. 下图所示的助航标志表示_____。

A. 指示的可航水域在其南方　　B. 指示的可航水域在其北方

C. 指示的危险物位于该标的北方

31. 下图所示的助航标志为_____。

A. 中国海区水上助航标志北方位标　　B. 中国海区水上助航标志南方位标

C. 中国海区水上助航标志东方位标

32. 下图所示的助航标志为_____。

A. 中国海区水上助航标志西方位标　　　B. 中国海区水上助航标志北方位标

C. 中国海区水上助航标志东方位标

33. 下图所示的助航标志表示_____。

A. 指示的可航水域在其西方　　　B. 指示的可航水域在其东方

C. 指示的危险物位于该标的北方

34. 下图所示的助航标志表示应_____。

A. 靠近该标航行　　　B. 避开该标航行

C. 将该标置于船舶的左舷通过

35. 下图所示的助航标志表示_____。

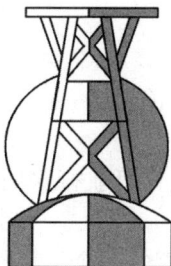

A. 该标设在航道中央或航道的中线上
B. 该标设在航道的左侧
C. 该标设在航道的右侧

36. 中国海区水上助航标志包括侧面标志、方位标志、_____。
A. 孤立危险物标志、安全水域标志、专用标志
B. 孤立危险物标志、安全水域标志
C. 孤立危险物标志

37. 船舶进出港口时,船舶使用水上助航标志的错误做法是_____。
A. 应沿左侧标和右侧标之间航道航行
B. 发现西方位标后,应从此标东面安全通过
C. 发现孤立危险物标志,应远离此标航行

38. 中国海区水上助航标志用以表示标志特征的方法是_____。
A. 白天以标志的颜色,夜间以标志的灯光来表示
B. 白天以标志的颜色和形状或顶标,夜间以标志的灯光来表示
C. 白天以标志的颜色和形状或顶标,夜间以标志的灯质来表示

39. 船舶在航行中发现某浮标的顶标为黑色双锥形,锥尖相对,则船舶应在该标的_____通过。
A. 南方　　　　　　　　　　　B. 东方
C. 西方

40. 船舶在航行中发现某浮标的顶标为单个红色球形,则船舶应在该标的_____。
A. 周围通过　　　　　　　　　B. 东方通过
C. 西方通过

41. 浮标设置在海港和沿海航道以及水下危险物附近,可以用浮标进行准确的定位。
A. 对　　　　　　　　　　　　B. 错

42. 我国沿海推荐航道左侧标的涂色是绿色,中间有红色横纹。
A. 对　　　　　　　　　　　　B. 错

43.《中国海区水上助航标志》规定的基本浮标形状有_____。

　　A. 罐形、锥形、球形、柱形、方形　　　　B. 罐形、锥形、球形、柱形、杆形

　　C. 罐形、锥形、球形、柱形、叉形

44. 我国左侧标的颜色规定为绿色。

　　A. 对　　　　　　　　　　　　　　　　B. 错

45. 我国沿海方位标的同名一侧为可航行水域。

　　A. 对　　　　　　　　　　　　　　　　B. 错

46. 安全水域的顶标为上、下垂直的两个黑色球形。

　　A. 对　　　　　　　　　　　　　　　　B. 错

47. 专用标志的标身颜色为红色。

　　A. 对　　　　　　　　　　　　　　　　B. 错

48. 中国水上助航标志中的孤立危险物标的顶标特征是_____。

　　A. 一个红球　　　　　　　　　　　　　B. 两个红球

　　C. 两个黑球

49. 安全水域标的特征是_____。

　　A. 黑色,中间有一条或数条红色宽横带　　B. 红白相间竖条

　　C. 红色,中间有一条绿色宽横带

50. 下图所示的助航标志为_____。

　　A. 中国海区水上助航标志左侧标　　　　B. 中国海区水上助航标志右侧标

　　C. 中国海区水上助航标志推荐航道右侧标

51. 下图所示的助航标志为_____。

A. 中国海区水上助航标志右侧标　　　B. 中国海区水上助航标志左侧标

C. 中国海区水上助航标志推荐航道左侧标

52. 下图所示的助航标志为_____。

A. 中国海区水上助航标志安全水域标　　B. 中国海区水上助航标志左侧标

C. 中国海区水上助航标志右侧标

53. 下图所示的助航标志为_____。

A. 中国海区水上助航标志北方位标　　　B. 中国海区水上助航标志南方位标

C. 中国海区水上助航标志东方位标

54. 下图所示的助航标志_____。

A. 指示的可航水域在其南方　　　　　B. 指示的可航水域在其北方

C. 指示的危险物位于该标的南方

55. 下图所示的助航标志为_____。

A. 中国海区水上助航标志北方位标　　　B. 中国海区水上助航标志南方位标
C. 中国海区水上助航标志西方位标

56. 下图所示的助航标志为_____。

A. 中国海区水上助航标志西方位标　　　B. 中国海区水上助航标志南方位标
C. 中国海区水上助航标志东方位标

57. 下图所示的助航标志_____。

A. 指示的可航水域在其西方　　　B. 指示的可航水域在其东方
C. 指示的危险物位于该标的南方

58. 下图所示的助航标志_____。

A. 指示的可航水域在其西方　　　　B. 指示的可航水域在其南方
C. 指示的可航水域在其东方

59. 下图所示的助航标志为_____。

A. 中国海区水上助航标志孤立危险标
B. 中国海区水上助航标志安全水域标
C. 中国海区水上助航标志专用标

60. 下图所示的助航标志为_____。

A. 中国海区水上助航标志孤立危险标
B. 中国海区水上助航标志安全水域标
C. 中国海区水上助航标志专用标

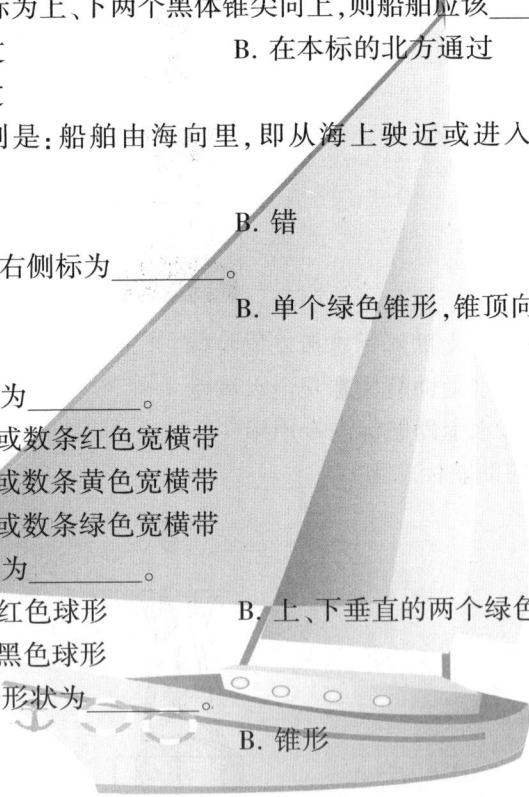

61. 在我国沿海航行,出港船舶应将左侧标置于右舷通过。

　　A. 对　　　　　　　　　　　　　B. 错

62. 我国沿海,船舶由海上驶近港口时,确定航道走向的原则是_____。

　　A. 由北向南　　　　　　　　　　B. 由里向海

　　C. 由海向里

63. 我国沿海顺航道走向行驶的船舶应将左侧标置于本船_____。

　　A. 左舷　　　　　　　　　　　　B. 右舷

　　C. 正前方

64. 我国沿海推荐航道右侧标标示推荐航道或特定航道在其_____。

　　A. 左侧　　　　　　　　　　　　B. 右侧

　　C. 前方

65. 在我国沿海,看到顶标为上、下两个黑体锥尖向上,则船舶应该_____。

　　A. 在本标的南方通过　　　　　　B. 在本标的北方通过

　　C. 在本标的东方通过

66. 确定航道走向的原则是:船舶由海向里,即从海上驶近或进入港口、河口、港湾。

　　A. 对　　　　　　　　　　　　　B. 错

67. 侧面标志中推荐航道右侧标为_____。

　　A. 单个红色罐形　　　　　　　　B. 单个绿色锥形,锥顶向上

　　C. 单个黑色球形

68. 孤立危险标志的颜色为_____。

　　A. 黑色,中间有一条或数条红色宽横带

　　B. 绿色,中间有一条或数条黄色宽横带

　　C. 黑色,中间有一条或数条绿色宽横带

69. 孤立危险标志的顶标为_____。

　　A. 上、下垂直的两个红色球形　　B. 上、下垂直的两个绿色球形

　　C. 上、下垂直的两个黑色球形

70. 安全水域标志的标身形状为_____。

　　A. 球形　　　　　　　　　　　　B. 锥形

　　C. 柱形

71. 方位标志的光色为_____。

　　A. 红色　　　　　　　　　　　　B. 白色

　　C. 绿色

72. 船舶在航行中发现某浮标的顶标为黑色双锥形,锥尖相对,则船舶应在该标的西方通过。

  A. 对   B. 错

73. 船舶在航行中发现某浮标的涂色为黑黄黑,则船舶应将该标置于西侧通过。

  A. 对   B. 错

74. 日本沿海推荐航道左侧标的涂色是绿色中间红色横纹。

  A. 对   B. 错

75. 国际浮标系统"A 区域"和"B 区域",它们的区别就在于_____。

  A. 方位标志的颜色不同   B. 专用标志的颜色不同

  C. 侧面标志的颜色不同

76. 设在危险物或危险区域的西方,船舶通过该标时应从西方通过,此标为_____。

  A. 北方位标   B. 东方位标

  C. 西方位标

77. 安全水域标志的顶标为_____。

  A. 单个红球   B. 两个红球

  C. 单个绿球

78. 标身为黑色中间为红色横纹,顶标为两个垂直黑球的浮标是_____。

  A. 孤立危险物标志   B. 西方位标

  C. 安全水域标志

79. 西方位标志的顶标的特征为_____。

  A. 上、下两个黑色圆锥,锥尖向上   B. 上、下两个黑色圆锥,锥底相对

  C. 上、下两个黑色圆锥,锥尖相对

80. 东方位标志的顶标的特征为_____。

  A. 上、下两个黑色圆锥,锥尖向下   B. 上、下两个黑色圆锥,锥尖向上

  C. 上、下两个黑色圆锥,锥底相对

81. 专用标志的顶标为_____。

  A. 单个红色"X"形   B. 两个红色"X"形

  C. 单个黄色"X"形

82. 北方位标志的标身颜色为_____。

  A. 上黄下黑   B. 上黑下黄

  C. 黄黑黄

83. 南方位标志的标身颜色为_____。

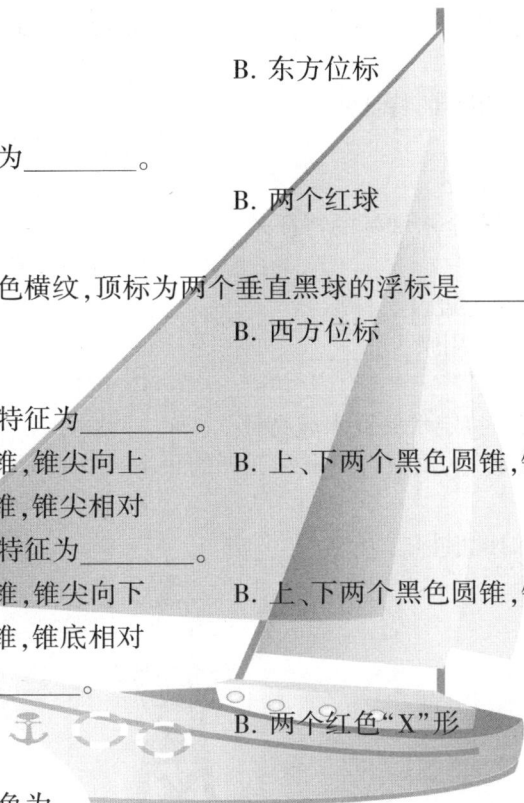

A. 上黄下黑   B. 上黑下黄

C. 黄黑黄

84. 专用标志主要是用于指示某一_____水域或特征。

A. 特定   B. 安全

C. 危险

85. 在国际浮标系统中,"A 区域"和"B 区域"最大的区别是_____。

A. 侧面标颜色不同   B. 安全水域标不同

C. 危险物标不同

86. 我国采用国际浮标系统的_____。

A. "A 区域"浮标系统   B. "B 区域"浮标系统

C. "C 区域"浮标系统

87. 韩国水域右侧标的颜色和形状为_____。

A. 红色、锥形   B. 绿色、罐形

C. 绿色、球形

88. 日本沿岸右侧标的特征是_____。

A. 绿色灯光   B. 标身是锥形

C. 顶标是罐形

89. 菲律宾沿岸安全水域标的特征是_____。

A. 等明暗白光   B. 标身涂有红白横纹

C. 标身形状为罐、柱、杆形

90. 专用标志可以用来_____。

A. 导航   B. 定位

C. 指示某一特定水域或水域特征

91. 实行"B 区域"的国家有美洲和亚洲的日本、中国、菲律宾等。

A. 对   B. 错

92. 下图所示的助航标志为_____。

A. 国际浮标系统"A 区域"左侧标

B. 国际浮标系统"A 区域"右侧标

C. 国际浮标系统"A 区域"推进航道左侧标

93. 下图所示的助航标志为_____。

A. 国际浮标系统"B 区域"左侧标   B. 国际浮标系统"A 区域"左侧标

C. 国际浮标系统"B 区域"右侧标

94. 国际浮标系统分为"A 区域"和"B 区域",其中我国采用的是_____浮标系统。

A. "A 区域"   B. "B 区域"

C. "A 区域"和"B 区域"

95. 国际浮标系统中,"A 区域"标身颜色为_____。

A. 左红右绿   B. 左绿右红

C. 上白下蓝

96. 国际浮标系统中,"B 区域"标身颜色为_____。

A. 左红右绿   B. 左绿右红

C. 上白下蓝

参考答案

第一节　瞭望职责

1. C　　2. A　　3. A　　4. B　　5. A　　6. B　　7. B　　8. B　　9. A　　10. A

11. A　12. C　13. C　14. C　15. C　16. C　17. A　18. A　19. C　20. C

21. A

第二节　地理坐标、方位、距离和舷角

1. A	2. B	3. C	4. B	5. B	6. A	7. A	8. B	9. C	10. A
11. B	12. B	13. A	14. A	15. A	16. C	17. B	18. A	19. A	20. A
21. A	22. B	23. A	24. A	25. A	26. A	27. C	28. C	29. B	30. C
31. A	32. A	33. A	34. A	35. A	36. A	37. C	38. A	39. C	40. C
41. A	42. B	43. A	44. B	45. C	46. B	47. B	48. A	49. C	50. A
51. C	52. A	53. B	54. B	55. B					

第三节　常见助航标志

1. C	2. C	3. A	4. A	5. B	6. A	7. A	8. A	9. B	10. C
11. A	12. A	13. A	14. A	15. B	16. B	17. C	18. A	19. B	20. B
21. A	22. B	23. B	24. B	25. A	26. A	27. B	28. B	29. A	30. A
31. B	32. C	33. B	34. B	35. A	36. A	37. B	38. C	39. C	40. A
41. B	42. B	43. B	44. B	45. A	46. B	47. B	48. C	49. B	50. B
51. A	52. C	53. A	54. B	55. B	56. C	57. B	58. A	59. A	60. B
61. A	62. C	63. B	64. A	65. B	66. A	67. B	68. A	69. C	70. A
71. B	72. A	73. B	74. A	75. C	76. C	77. A	78. A	79. C	80. C
81. C	82. B	83. A	84. A	85. A	86. A	87. A	88. B	89. A	90. C
91. B	92. A	93. B	94. A	95. A	96. B				

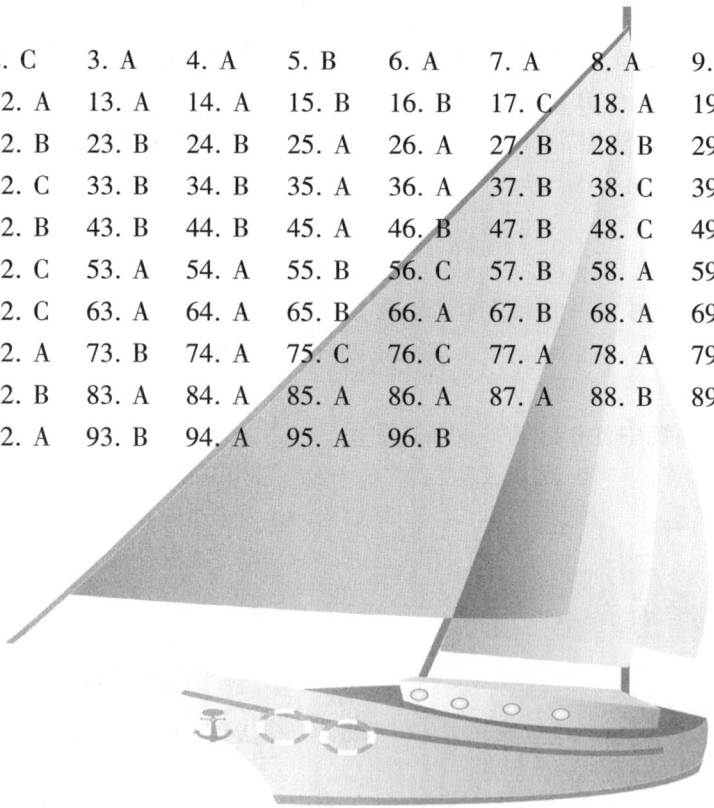

第三章
安全值班

第一节 船上术语和定义

1. 按照 SOLAS 公约的规定,凡载客超过 12 人的船舶叫客船。
   A. 对   B. 错

2. 集装箱运输船,货舱内部通常设有格栅式货架,其主要目的是便于固定货箱。
   A. 对   B. 错

3. 滚装船的主要特点是上甲板平整,无货舱口,无起重设备,甲板层次多,货舱利用率低。
   A. 对   B. 错

4. 散装运输船,在货舱设有上、下压载边舱,其目的是_____。
   ①用于压载调整吃水;②调节船舶重心;③便于装卸减少清舱工作
   A. ①②   B. ②③
   C. ①②③

5. 单层甲板结构,设有较大的左、右边舱,货舱呈漏斗形,而且双层底特别高,这是_____的特点。
   A. 矿石船   B. 杂货船
   C. 集装箱船

6. 单层甲板结构,不设装卸设备,舱口较小,从首至尾设有步桥,干舷较低,甲板上布满了管系。这是_____的特点。
   A. 集装箱船   B. 杂货船
   C. 油船

7. 单层甲板结构,设置双层底、双层船壳,不设装卸设备,舱口几乎与舱一样大,舱内设有格栅或导轨,这是_____的特点。
   A. 矿石船   B. 集装箱船

C. 滚装船

8. 下列有关杂货船的一般特点描述正确的是_____。

    A. 单层甲板结构

    B. 为便于装卸,各货舱的舱口尺寸较大,并配以吊杆或起重机

    C. 在抗沉性方面一般设计成"二舱不沉制"

9. 下列有关客船的一般特点表述错误的是_____。

    A. 设有较完善的生活设施

    B. 具有较好的抗沉性,一般设计为"二舱或三舱不沉制"

    C. 船速较高,一般不低于 24 kn

10. 液体化学品船的货舱设计与油船相比表现为多而小,并有多个泵舱,舱壁多采用耐腐蚀的不锈钢制成。

    A. 对   B. 错

11. 液货船系指建造成或改建成适合于运输散装液体货物的船舶,可分为油船、液体化学品船和液化气船等。

    A. 对   B. 错

12. 《国际海上人命安全公约》(SOLAS 公约)中规定,凡载客超过_____人均视为客船。

    A. 10   B. 12

    C. 15

13. 具有多层甲板(通常 2~3 层),舱口尺寸较大,以便于装卸,并配有吊杆或起重机的船舶称为_____。

    A. 油船   B. 化学品船

    C. 杂货船

14. 木材船的特点是为便于装卸和堆放,货舱要求长而大,舱内无支柱;为防止甲板上的木材滚落舷外,规定两舷设支柱,而且舷墙也较高。

    A. 对   B. 错

15. 能够装运大宗非包装的谷物、煤炭、糖、水泥等货物的船舶是_____。

    A. 杂货船   B. 散货船

    C. 集装箱船

16. 上层建筑高大,设有多层甲板,甲板平整,一般采用前后纵通甲板,在船的尾部或首部装设专用跳板便于车辆上下的船舶,是_____。

    A. 客船   B. 滚装船

    C. 集装箱船

17. 用于协助他船进行港内操作,马力大、操作灵活的船舶是_____。

    A. 引航船　　　　　　　　　　　B. 破冰船

    C. 拖船

18. 根据 SOLAS 公约的规定,凡载客超过 12 人的船舶均视为客船。

    A. 对　　　　　　　　　　　　　B. 错

19. 集装箱运输船的优点是船舶航速快,装卸速度快,货损货差少,便于开展联运。

    A. 对　　　　　　　　　　　　　B. 错

20. 集装箱运输船,货舱内部通常设有格栅式货架,其主要目的是便于固定货箱。

    A. 对　　　　　　　　　　　　　B. 错

21. 滚装船的主要特点是上甲板平整,无货舱口,无起重设备,甲板层次多,货舱利用率低。

    A. 对　　　　　　　　　　　　　B. 错

22. 杂货船的特点是_____。

    ①甲板层次多;②舱口尺度大;③甲板上设置较多的装卸设备;④货舱口围板高

    A. ①②③④　　　　　　　　　　B. ②③④

    C. ①②③

23. 单层甲板结构,设有较大的左、右边舱,货舱呈漏斗形,而且双层底特别高,这是矿石船的特点。

    A. 对　　　　　　　　　　　　　B. 错

24. 单层甲板结构,不设装卸设备,舱口较小,从首至尾设有步桥,干舷较低,甲板上布满了管系。这是油船的特点。

    A. 对　　　　　　　　　　　　　B. 错

25. 单层甲板结构,设置双层底、双层船壳,不设装卸设备,舱口几乎与舱一样大,舱内设有格栅或导轨,这是矿石船的特点。

    A. 对　　　　　　　　　　　　　B. 错

26. 杂货船的一般特点是在抗沉性方面一般设计成"二舱不沉制"。

    A. 对　　　　　　　　　　　　　B. 错

27. 按所载运液化气种类的不同,液化气运输船有液化天然气运输船、液化石油气运输船和乙烯运输船三种。

    A. 对　　　　　　　　　　　　　B. 错

28. 液体化学品船的货舱设计与油船相比表现为多而小,并有多个泵舱,舱壁多采用耐腐蚀的不锈钢制成。

A. 对   B. 错

29. 液货船系指建造成或改建成适合于运输散装液体货物的船舶,可分为油船、液体化学品船和液化气船等。

    A. 对   B. 错

30. 下面哪项是客船的特点?

    A. 舱口尺寸大   B. 设计为"一舱不沉制"

    C. 设有减摇装置

31. 抗沉性最差的是下面哪一类船?

    A. 客船   B. 杂货船

    C. 滚装船

32. 客船要求具有较好的抗沉性,所以要求客船具有双层船壳。

    A. 正确   B. 错误

33. 货舱是船舶用来装载货物的舱室,自船尾至船首编号依次为 1、2、3 号舱。

    A. 对   B. 错

34. 船舷与船底交接的弯曲部位叫_____。

    A. 舟包部   B. 胯部

    C. 舭部

35. 舷墙及舷边栏杆的主要作用是_____。

    ①增强舷边的强度;②保障人员的生命安全;③便于安装导缆孔

    A. ①   B. ②

    C. ③

36. 船舶分为上层建筑和主船体组成,而上层建筑包括:

    ①首楼;②尾楼;③桥楼;④甲板室;⑤船底结构

    A. ②③④⑤   B. ①②③⑤

    C. ①②③④

37. 下列有关船舶上层建筑的描述错误的是_____。

    A. 船首楼一般只设一层,可减小船首部上浪,改善船舶航行条件

    B. 现代船舶基本都为尾机型或中尾机型船,桥楼直接设在近船尾处,故无尾楼

    C. 甲板室是指宽度与船宽相当的围蔽建筑物

38. 沿着船长方向布置并不计入船体总纵强度的不连续甲板称为_____。

    A. 二层甲板   B. 遮蔽甲板

    C. 平台甲板

39. 船舶最上一层露天全通甲板称为_____。

    A. 首楼甲板　　　　　　　　　　B. 上甲板

    C. 顶甲板

40. 船舶最高一层露天甲板,位于驾驶台顶部的甲板称为_____。

    A. 罗经甲板　　　　　　　　　　B. 上甲板

    C. 驾驶台甲板

41. 设有桅桁及信号架、各种助航仪器天线、标准罗经等设备的甲板是_____。

    A. 驾驶甲板　　　　　　　　　　B. 罗经甲板

    C. 艇甲板

42. 专用于调整船舶的吃水、纵横倾和重心用的水舱是_____。

    A. 淡水舱　　　　　　　　　　　B. 压载水舱

    C. 污水舱

43. 船舶是由_____等组成。

    A. 主船体、上层建筑和其他各种设备　　B. 主船体、上层建筑和首尾结构

    C. 主船体、上层建筑和甲板

44. 下列对双层底上人孔的解释,不正确是_____。

    A. 它是便于船员进入双层底内部检修和保养

    B. 一般人孔布置在船舶的船底板上

    C. 人孔盖必须水密,封盖时应按对角来回逐渐拧紧螺母

45. 船底塞的作用是_____。

    A. 船舶营运中排出舱内的积水　　B. 用于排出货舱内的污水

    C. 坞修时排出各水舱内无法用泵排出的积水

46. 一般船舶最上一层贯通船首到船尾之间的连续甲板叫上甲板。

    A. 对　　　　　　　　　　　　　B. 错

47. 货舱是船舶用来装载货物的舱室,自船尾至船首编号依次为 1 号、2 号、3 号舱。

    A. 对　　　　　　　　　　　　　B. 错

48. 船舷与船底交接的弯曲部位叫_____。

    A. 舟包部　　　　　　　　　　　B. 胯部

    C. 舭部

49. 上甲板是船体的最高一层全通(纵向自船首至船尾连续的)甲板,又称上层连续甲板。如果这层甲板的所有开口都能封闭并保持水密,则它又被称作主甲板。

    A. 对　　　　　　　　　　　　　B. 错

50. 沿着船长方向布置并不计入船体总纵强度的不连续甲板称为_____。

    A. 二层甲板　　　　　　　　　　B. 遮蔽甲板

    C. 平台甲板

51. 下面哪种构件不属于横向构件？

    A. 肋骨   B. 肋板

    C. 龙骨

52. 栏杆的作用主要是_____。

    A. 减少甲板上浪   B. 保障人员和货物的安全

    C. 增强纵向强度

53. 所有船舶的压载水舱都设置在船舶的底部。

    A. 正确   B. 错误

54. 每艘船舶都在船首两侧明显位置勘划船名。

    A. 正确   B. 错误

55. 装卸设备固定及活动零部件的最大磨损超过原尺寸的_____均不得使用。

    A. 10%   B. 15%

    C. 20%

56. 海船普遍采用的是钢质舱盖。

    A. 对   B. 错

57. 在船中处,由吃水线量至上甲板上边缘的垂直距离称为干舷。

    A. 对   B. 错

58. 用于船舶靠泊,过船闸、进船坞、操纵与避让时参考的尺度是_____。

    A. 最大尺度   B. 船型尺度

    C. 登记尺度

59. 涂载重线标志、船舶水尺漆时,要求深色船壳漆成白色,浅色船壳漆成黑色。

    A. 对   B. 错

60. 在载重线标志中圆环两侧加绘的字母表示_____。

    A. 船舶所属公司简称   B. 船舶登记港简称

    C. 勘定干舷的船级社简称

61. 船舶主要标志有吃水标志,载重线标志,烟囱标志,船名、船籍港标志等。

    A. 对   B. 错

62. 下图所示的标志为_____。

A. 球鼻首标志   B. 首侧推器标志

C. 分舱标志

63. 下图所示的标志为_____。

A. 球鼻首标志   B. 侧推器标志

C. 分舱标志

64. 国际海事组织用于识别船舶身份的是_____。

A. IMO 编号   B. 船名

C. 烟囱标志

65. 船舶主要标志有_____。

①吃水标志；②载重线标志；③烟囱标志；④船名、船籍港标志

A. ①②③④   B. ①②③

C. ②③④

66. 下图所示的标志为_____。

A. 球鼻首标志   B. 分舱标志

C. 首侧推器标志

67. 下图所示的标志为_____。

A. 球鼻首标志
C. 分舱标志
B. 首侧推器标志

68. 下图所示的标志为_____。

A. 分舱标志
C. 球鼻首标志
B. 侧推器标志

69. 国际海事组织用于识别船舶身份的是 IMO 编号。
    A. 对
    B. 错

70. 读取英制水尺的读数,当水面与水尺上数字的下边缘相切时,该数字即表示吃水的大小,单位为英尺。
    A. 对
    B. 错

71. 一般来说,船名刻写在下列_____位置上。
    ①船首、船中、上甲板;②船尾部;③船首部与船尾部
    A. ①
    B. ②
    C. ③

72. 有波浪时船舶吃水应取_____。

A. 最高读数　　　　　　　　　　B. 最低读数

C. 最高及最低时读数的平均值

73. 船舶的_____也叫水尺,它勘绘在船首、尾及船中两侧船壳上,俗称六面水尺。

A. 吃水标志　　　　　　　　　　B. 载重线标志

C. 淡水载重线标志

74. 图中载重线标志的字母 S 代表_____。

单位: mm

A. 淡水载重线　　　　　　　　　B. 夏季载重线

C. 冬季载重线

75. 读取载重线标志时,是以线段的下边缘为基准。

A. 对　　　　　　　　　　　　　B. 错

76. 读取英制水尺的读数,当水面与水尺上数字的_____相切时,该数字即表示吃水的大小,单位为英尺。

A. 下边缘　　　　　　　　　　　B. 上边缘

C. 中间位置

77. 涂载重线标志、船舶水尺漆时,要求深色船壳漆成_____,浅色船壳漆成_____。

A. 白色;黑色　　　　　　　　　B. 黑色;白色

C. 白色;白色

78. 公制水尺每字高_____,两字间隔是_____。

A. 8 厘米;8 厘米　　　　　　　B. 10 厘米;10 厘米

C. 12 厘米;12 厘米

79. 一般来说,船名刻写在下列_____位置上。

①船首、船中、上甲板;②船尾部;③船首部与船尾部

A. ①　　　　　　　　　　　　　B. ②

C. ③

80. 有波浪时船舶吃水应取_____。

    A. 最高读数   B. 最低读数

    C. 最高及最低时读数的平均值

81. 船舶的吃水标志也叫水尺,它勘绘在船首、尾及船中两侧船壳上,俗称六面水尺。

    A. 对   B. 错

82. 下图为某船一处水尺标志及水线,该处的吃水读数约为_____。

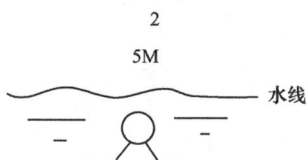

    A. 5.82   B. 4.93

    C. 4.83

83. 公制水尺中,数字与数字之间的垂向间距是_____。

    A. 10 cm   B. 8 cm

    C. 5 cm

第二节　船上内部通信与报警

1. 船内应急通信的设备有_____。

    ①电话;②有线对讲机;③无线对讲机;④话管

    A. ①②③④   B. ①②③

    C. ②③④

2. 进行船内应急通信,通话应简明扼要,关键语言应当重复。

    A. 对   B. 错

3. 如果全体船员为中国籍船员,则船内通信语言则可以使用方言。

    A. 对   B. 错

4. 在全船失电或有线通信损坏的情况下,可用_____保持驾驶台与机舱和舵机间的通信。

    A. 话管或无线对讲机   B. 话管

    C. 车钟

5. 用于船内应急通信的设备有电话、有线对讲机、无线对讲机和话管。

    A. 对   B. 错

6. 船舶航行时,VHF 应保持在_____频道守听安全信息。

    A. 70   B. 66

    C. 16

7. 船舶通信方式主要有_____。

    ①视觉;②听觉;③无线电通信;④水下通信

    A. ①②③④   B. ①②③

    C. ①③④

8. 船内通信语言,必须使用_____。

    A. 英语   B. 普通话

    C. 工作语言

9. 在全船失电或有线通信损坏的情况下,可用_____保持驾驶台与机舱和舵机间的通信。

    A. 话管或无线对讲机   B. 话管

    C. 车钟

10. 船上最有效的船内应急通信系统,是无线对讲机。

    A. 对   B. 错

11. 船上主要声响设备包括_____。

    A. 号笛   B. 号笛或号锣

    C. 号笛、号钟或号锣

12. 船舶进行通信的方法包括_____。

    ①视觉信号通信;②声响信号通信;③无线电通信

    A. ①②③   B. ①②

    C. ①③

13. 失火自动报警装置由探测器和报警器组成。

    A. 对   B. 错

14. 火灾自动报警装置主要由_____和_____两大部分组成。

    A. 喷水器;报警器   B. 光电器;探测器

    C. 探测器;报警器

15. 船舶均按规定设有一定数量的火灾报警工具,如_____。

    A. 广播   B. 警笛、报警器

    C. 警笛、警铃、报警器等

16. 船上普遍采用失火自动报警器有_____。

    A. 感温式、感烟式失火自动报警器　　　　B. 感温式失火自动报警器

    C. 光电式、离子式感烟失火自动报警器

17. 一般货船,火灾自动报警器只设一台总报警器在_____。

    A. 机舱　　　　　　　　　　　　　　　B. 中心控制室

    C. 驾驶台

18. 以下报警系统不属于全船性警报系统的是_____。

    A. 主机、舵机、供电、锅炉等的故障自动警报系统

    B. 火灾自动警报系统

    C. 手动火警按钮和驾驶台警报器

19. 船员应熟悉各种形式的警报,以免延误宝贵的应急时机。

    A. 对　　　　　　　　　　　　　　　　B. 错

20. 手动火警按钮封闭在墙壁上的有机玻璃盒罩内,需要时,应_____,用手揿
    动火警按钮。

    A. 让有经验的船员击碎玻璃面罩　　　　B. 让高级船员击碎玻璃面罩

    C. 不拘方式果断击碎玻璃面罩

第三节　值班及交接班

1. 保证船舶海上安全航行的首要做法是_____。

    A. 保持正规瞭望　　　　　　　　　　　B. 使用安全航速

    C. 判明碰撞危险

2. 保持正规瞭望的目的是_____。

    A. 避免紧迫局面　　　　　　　　　　　B. 避免紧迫危险

    C. 对局面和碰撞危险做出充分估计

3. 保持正规瞭望适用于_____。

    A. 能见度不良时的一切船舶　　　　　　B. 能见度良好时的每一船舶

    C. 任何能见度情况下的每一船舶

4. 保持正规瞭望的适用对象是_____。

    A. 驾驶员、船长　　　　　　　　　　　B. 值班驾驶员与瞭望人员

    C. 驾驶员与水手

5. 航行时值班驾驶员进行海图作业或进行雷达系统观察时,值班水手发现前方来
   船显示垂直三个黑球时,应_____。

A. 立即报告值班驾驶员　　　　　　B. 立即采取措施进行避让

C. 立即操舵进行避让

6. 一般情况下,舵工在操舵时_____。

A. 应协助驾驶员定位　　　　　　　B. 应协助驾驶员守听中高频电话

C. 不应视为瞭望人员

7. 夜间航行值班水手的主要责任包括_____。

A. 瞭望和检查航行灯状况　　　　　B. 测定船位

C. 开启雷达

8. 当驾驶员进入海图室做海图作业时,值班水手如果发现来船要及时报告驾驶员。

A. 对　　　　　　　　　　　　　　B. 错

9. 当驾驶员进入海图室做海图作业时,如果发现来船且有碰撞危险,值班水手应立即报告值班驾驶员。

A. 对　　　　　　　　　　　　　　B. 错

10. 夜间航行值班驾驶员在海图作业时,值班水手发现海面有可疑的灯光,应_____。

①立即报告值班驾驶员;②立即采取措施进行避让;③立即操舵进行避让

A. ①　　　　　　　　　　　　　　B. ②

C. ③

11. 航行时值班驾驶员进行海图作业或进行雷达系统观察时,值班水手发现前方来船显示垂直三个黑球时,应_____。

A. 立即报告值班驾驶员　　　　　　B. 立即操舵进行避让

C. 立即采取措施进行避让

12. 航行值班瞭望人员的责任,包括用度或罗经点报告声号、灯号或其他目标的大致方位。

A. 对　　　　　　　　　　　　　　B. 错

13. 当班水手应协助驾驶员对海面情况进行不间断的瞭望,在驾驶员进行海图作业时应_____。

A. 协助驾驶员定船位　　　　　　　B. 加倍警惕瞭望,发现问题及时报告

C. 回到舵机跟前,准备操舵

14. 瞭望人员不得承担可能妨碍其瞭望的其他任务。

A. 对　　　　　　　　　　　　　　B. 错

15. 值班水手瞭望中发觉异常情况,应立即_____。

A. 自行采取行动   B. 报告值班驾驶员

C. 报告船长

16. 舵工在操舵时必须兼作瞭望人员,协助瞭望。

A. 对   B. 错

17. 瞭望人员发现来船灯光、声号时,应_____。

A. 及时以方位和距离报告   B. 及时以舷角或罗经点报告

C. 无须报告

18. 一般情况下,舵工在操舵时_____。

A. 应协助驾驶员定位   B. 应协助驾驶员守听中高频电话

C. 不应视为瞭望人员

19. 夜间航行值班水手的主要责任包括_____。

A. 瞭望和检查航行灯状况   B. 测定船位

C. 开启雷达

20. 当驾驶员进入海图室做海图作业时,值班水手如果发现来船要及时报告_____。

A. 驾驶员   B. 船长

C. 水手长

21. 当驾驶员进入海图室做海图作业时,如果发现来船且有碰撞危险,值班水手可以自行避让。

A. 对   B. 错

22. 锚泊值班时,在下列判断走锚的方法中哪种方法是错误的?

A. 锚泊正常时,锚链有规律地一张一弛

B. 强风中应重点观察本船正横附近的物标串视线方位的变化

C. 锚链如有"咯咯"声说明已走锚

23. 瞭望最基本的手段是_____。

A. 视觉   B. 听觉

C. 仪器

24. 驾驶台值班人员必须严肃认真,任何人不得坐着值班,也不能在驾驶台用餐和睡眠。

A. 正确   B. 错误

25. 航行中,值班水手随同二副值班的时间为 0040—0800。

A. 对   B. 错

26. 夜间航行值班水手发现本船前桅灯不亮时,应该立即报告值班驾驶员。

A. 对   B. 错

27. 航行时,值班水手同时听到船长、值班驾驶员、引航员的舵令,应以值班驾驶员舵令为准。

    A. 对 　　　　　　　　　　　　　B. 错

28. 航行中值班水手在驾驶台时,应经常检查舵的工作情况。

    A. 对 　　　　　　　　　　　　　B. 错

29. 航行中交接班,一定要注意航行灯及号灯情况。

    A. 对

    B. 错

30. 白班水手在水手长的安排和带领下,根据_____的指示,进行船舶保养工作。

    A. 大副 　　　　　　　　　　　　B. 船长

    C. 值班驾驶员

31. 船长、驾驶员和引航员同时在驾驶台时,以船长舵令为准。

    A. 对 　　　　　　　　　　　　　B. 错

32. 航行中值班水手的主要职责包括在驾驶员进行海图作业时,必须加倍警惕瞭望,发现问题及时报告。

    A. 对 　　　　　　　　　　　　　B. 错

33. 在通航密度大、狭水道、渔区航行或进行避让操纵时,应使用_____,以利安全。

    A. 手操舵 　　　　　　　　　　　B. 自动舵

    C. 两者皆可

34. 航行中值班水手的主要职责是_____。

    A. 主要承担操舵工作和通信

    B. 主要承担操舵工作和定位

    C. 主要承担操舵工作和协助驾驶员进行瞭望

35. 航行中,值班水手在驾驶台值班时,错误的做法是_____。

    A. 在通航密度大、狭水道,或渔区航行时,应使用自动舵,以利安全

    B. 协助驾驶员对海面情况进行不间断的瞭望

    C. 发现舵效不好,应及时报告驾驶员

36. 放引航梯时,应在梯子旁备有_____。

    A. 救生衣 　　　　　　　　　　　B. 救生信号

    C. 救生圈

37. 驾驶台值班,应遵守的规定中,下列描述正确的是_____。

    A. 夜间航行时,严禁有碍正常航行、瞭望的灯光外露

    B. 夜间航行时,驾驶台外应具有足够的灯光

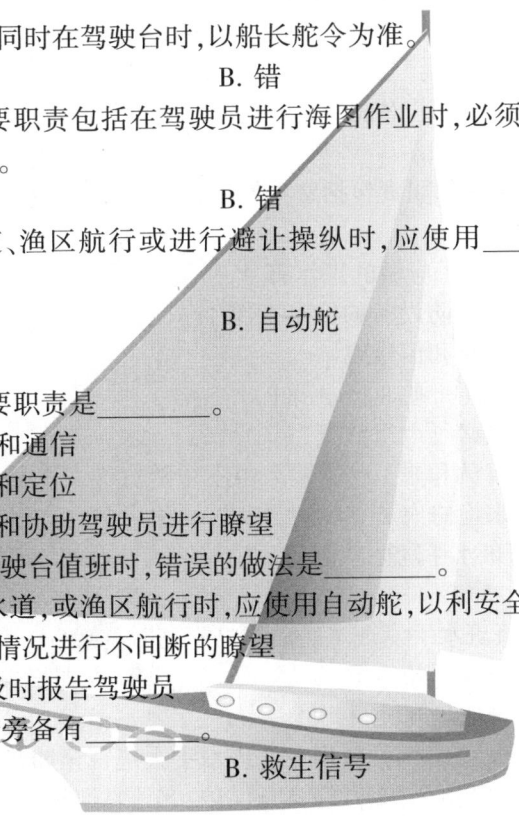

C. 夜间航行时,驾驶台内应具有足够的灯光

38. 航行中驾驶台每天由_____班水手负责驾驶台内外清洁。
   A. 0400—0800
   B. 0800—1200
   C. 1200—0400

39. 航行值班时水手轮值时间随同值班驾驶员分三班。值班人员由_____安排。
   A. 船长
   B. 大副
   C. 水手长

40. 值班水手的职责包括_____。
   A. 负责打排压载水操作
   B. 对傍靠本船的船舶,负责系带缆绳、安放绳梯等
   C. 负责看管和点收甲板物料

41. 航行中值班水手主要职责是承担操舵工作和协助驾驶员进行瞭望。
   A. 对
   B. 错

42. 航行中值班水手若对舵令有怀疑时,执行后,并询问清楚。
   A. 对
   B. 错

43. 航行值班水手的职责包括熟悉驾驶台上各种设备的操作使用。
   A. 对
   B. 错

44. 抵港时值班水手应做的工作有_____。
   A. 做好救生消防设备的检查工作
   B. 放下舷梯迎接引航员
   C. 准备好国旗和信号旗

45. 有关驾驶台值班须知,不正确的是_____。
   A. 值班人员必须严肃认真、集中精力
   B. 非当班人员和非工作需要人员不得随意进入
   C. 对于外来检修人员,经船长批准后,便可单独进入驾驶台

46. 航行中,值班水手随同二副值班的时间为0000—0400。
   A. 对
   B. 错

47. 夜间航行值班水手发现本船前桅灯不亮时,应该_____。
   A. 立即报告水手长
   B. 立即报告船长
   C. 立即报告值班驾驶员

48. 夜间航行时,值班驾驶员指令值班水手去巡视全船,值班水手应_____。
   ①服从驾驶员指令;②做好自身保护;③认真巡视
   A. ①
   B. ②
   C. ①②③

49. 航行时值班驾驶员进行海图作业或进行雷达系统观察时,值班水手发现舵效不灵,应_____。

①立即报告值班驾驶员;②立即采取措施进行避让;③立即操舵进行避让

A. ①　　　　　　　　　　　　　B. ②

C. ③

50. 航行时值班驾驶员进行海图作业或进行雷达系统观察时,值班水手听到VHF的呼叫,应_____。

①立即采取措施进行避让;②立即报告值班驾驶员;③立即接听

A. ①　　　　　　　　　　　　　B. ②

C. ③

51. 航行时,值班水手同时听到船长、值班驾驶员、引航员的舵令,应以_____舵令为准。

A. 值班驾驶员　　　　　　　　　B. 船长

C. 引航员

52. 谁应该随时注意操舵仪舵角指示器与驾驶台主舵角指示器的舵角是否一致?

①值班驾驶员;②舵工;③瞭望人员

A. ①　　　　　　　　　　　　　B. ②

C. ③

53. 航行中值班水手在驾驶台时,错误的做法是_____。

A. 不做与航行无关的工作　　　　B. 经常检查舵的工作情况

C. 按时到海图室了解船位

54. 下列表述不正确的是_____。

A. 值班水手可以在驾驶台用餐、收听广播等

B. 航行中交接班,一定要注意航行灯及号灯情况

C. 避让时,不应进行交接班

55. 白班水手在水手长的安排和带领下,根据大副的指示,进行船舶保养工作。

A. 对　　　　　　　　　　　　　B. 错

56. 船长和驾驶员或引航员同时在驾驶台时,以引航员舵令为准。

A. 对　　　　　　　　　　　　　B. 错

57. 在通航密度大,狭水道,渔区航行或进行避让操纵时,应使用手操舵,以利安全。

A. 对　　　　　　　　　　　　　B. 错

58. 航行值班时,当值班驾驶员下令"手操舵",值班水手_____。

A. 必须坚决执行　　　　　　　　　　　B. 在四周没有其他船时,可以不执行

C. 应根据具体情况决定是否执行

59. 航行中值班水手的主要职责是_____。

A. 承担操舵工作和通信

B. 承担操舵工作和定位

C. 承担操舵工作和协助驾驶员进行瞭望

60. 航行中,值班水手在驾驶台值班时,错误的做法是_____。

A. 在通航密度大、狭水道,或渔区航行时,应使用自动舵,以利安全

B. 协助驾驶员对海面情况进行不间断的瞭望

C. 发现舵效不好,应及时报告驾驶员

61. 驾驶台值班,在夜间航行时,严禁有碍正常航行、瞭望的灯光外露。

A. 对　　　　　　　　　　　　　　　　B. 错

62. 航行中驾驶台每天由 0400—0800 班水手负责驾驶台内外清洁。

A. 对　　　　　　　　　　　　　　　　B. 错

63. 航行值班时水手轮值时间随同值班驾驶员分三班。值班人员由水手长安排。

A. 对　　　　　　　　　　　　　　　　B. 错

64. 水手是在_____的直接领导下负责甲板部日常维修保养工作。

A. 船长　　　　　　　　　　　　　　　B. 大副

C. 水手长

65. 航行中值班水手主要职责是_____。

A. 船舶保养工作　　　　　　　　　　　B. 承担操舵工作

C. 承担操舵工作和协助驾驶员进行瞭望

66. 航行中值班水手的做法,不正确的是_____。

A. 发现船舶舵效不好,应立即报告驾驶员

B. 对舵令有怀疑时,执行后,并询问清楚

C. 发现自动舵异常,改为手操舵,并报告驾驶员

67. 下列哪一项是航行中值班水手的职责?

A. 熟悉驾驶台上各种设备的操作使用

B. 夜间航行时按要求认真进行巡回检查

C. 帮助驾驶员进行海图作业

68. 有关驾驶台值班须知,正确的是_____。

A. 值班人员必须严肃认真、集中精力

B. 非当班人员和非工作需要人员可随意进入

C. 对于外来检修人员,经船长批准后,便可单独进入驾驶台

69. 航行中,值班水手的主要职责包括_____。

①集中精力操舵;②发现舵效不好,及时报告船长;③操舵时必须复诵舵令;④船长和驾驶员或引航员同时在驾驶台时,以船长舵令为准;⑤交班前 15 分钟叫醒接班驾驶员和接班水手

A. ①②③④⑤　　　　　　　　　B. ①②③④

C. ①③④

70. 锚泊时,判断船舶是否走锚的方法包括有利用陆标或正横串标校对锚位和探听锚链的声音。

A. 对　　　　　　　　　　　　B. 错

71. 值锚泊班水手的职责之一是注意本船船位和周围他船的动态。

A. 对　　　　　　　　　　　　B. 错

72. 下列关于锚泊中值班水手的责任说法错误的是_____。

A. 按时开关灯,及时升降锚球,检查锚链情况

B. 按时填写航海日志

C. 经常注意过往船只的情况

73. 在油船上应严格执行油船登船规定,保证梯口_____小时不离人,因工作确实需要离开时,及时通知船舶保安员进行替班。

A. 8　　　　　　　　　　　　　B. 12

C. 24

74. 值锚泊班水手的职责之一是注意本船船位和周围他船的动态。

A. 对　　　　　　　　　　　　B. 错

75. 船舶锚泊时,如果锚位正常时,锚链会_____。

A. 有规律地一张一弛运动　　　　B. 出现先紧后突松的现象

C. 有间歇性抖动

76. 船舶锚泊时,值班水手应做的工作是_____。

①保持正规瞭望;②检查号灯与号型显示是否正常;③巡视全船,注意气象海况等

A. ①　　　　　　　　　　　　　B. ①②

C. ①②③

77. 开航前值班水手协助值班驾驶员试车时,应_____。

①检查螺旋桨附近有无其他船只;②到船尾查看周围是否清爽;③通知船尾附近艇筏远离及调整好缆绳等

A. ①　　　　　　　　　　　　　B. ①②

C. ①②③

78. 下列关于锚泊中值班水手的责任说法错误的是_____。

    A. 经常注意过往船只的情况

    B. 按时填写航海日志

    C. 按时开关灯,及时升降锚球,检查锚链情况

79. 船舶开航前,值班水手应在_____的安排下,做好开航前的各项准备工作,保持船舶能安全地进入航行状态。

    A. 值班驾驶员   B. 船长

    C. 引航员

80. 系泊值班时,值班水手应注意潮水变化和装卸货物影响,随时调整好舷梯高度,并保持梯口清洁。

    A. 对   B. 错

81. 船舶在港内停泊,风流较大需调整缆绳时,值班水手应报告值班驾驶员,并需有多名水手进行协助。

    A. 对   B. 错

82. 开航前,值班水手在驾驶台应做的准备工作有打扫卫生,解除罗经罩盖及信号灯罩,准备好国旗、信号旗等。

    A. 对   B. 错

83. 离开港口前,甲板上的水密门和舱口道门必须关闭并密封。

    A. 对   B. 错

84. 船舶准备起锚进港时,首先要通知机舱供应甲板水和为锚机供电。

    A. 对   B. 错

85. 船舶在开航前,应落下吊杆,固定吊货钩头并收紧吊货钢丝。

    A. 对   B. 错

86. 主机冲车前,值班水手应重点检查方面是_____。

    A. 货物是否绑扎好   B. 螺旋桨周围是否清爽

    C. 带缆是否全部解开

87. 开航前值班水手在进行对舵时,要得到_____通知后方可操纵舵轮。

    A. 值班驾驶员   B. 船长

    C. 大副

88. 船舶抵达装卸货港口,值班水手应做的工作有_____。

    ①查看首尾吃水;②放好舷梯及安全网;③准备好国旗及信号旗等,并正确显示;④放好梯子,做好引航员上船准备等

A. ①②

B. ②③

C. ①②③④

89. 船舶开航前,值班水手应在值班驾驶员的安排下,做好开航前的各项准备工作,保持船舶能安全地进入航行状态。

A. 对

B. 错

90. 下列不属于系泊或装卸货时值班水手职责的是_____。

A. 根据涨落潮和装卸货的变化,及时调整缆绳、挡鼠板及碰垫等

B. 负责看管、点收甲板物料,保存送来邮件

C. 配合装卸货,及时开关舱,经常查看吊货索具和起货设备是否正常

91. 调整缆绳时一般_____。

A. 短缆先松,长缆后松

B. 长缆先松,短缆后松

C. 长缆、短缆一起松

92. 调整缆绳时注意,如果是系浮筒装卸货,回头缆应当比其他缆少松一些。

A. 对

B. 错

93. 调整缆绳时,如松缆绳,应_____。

A. 多次松到位

B. 一次松到位

C. 上述方法皆可

94. 在下列系泊或装卸货时值班水手职责中,表述错误的是_____。

A. 下班前半小时叫醒接班水手,交接工作应在驾驶台进行

B. 经常查看吊货索具及起货设备是否正常,发现问题时,应立即报告值班驾驶员

C. 认真进行防火等安全巡回检查,尤其在夜间更应多加注意

95. 系浮筒时,应在舷梯旁备妥配有救生索的救生圈一个。

A. 对

B. 错

96. 值班水手在系泊值班中职责不包括_____。

A. 经常巡视检查主甲板的各处,防止偷窃和偷渡事件的发生

B. 根据船舶装卸情况和潮水变化,调整缆绳

C. 负责监督货物装卸的情况

97. 下列哪一项不是系泊值班时值班水手职责?

A. 协助值班驾驶员调整吊杆

B. 登记来船人员

C. 清点货物件数

98. 开航前,甲板的整理工作不包括_____。

A. 关闭舱盖

B. 吊杆复位并固定

C. 排放压载水

99. 系泊值班时,值班水手应注意_____,随时调整好舷梯高度,并保持梯口清洁。

①潮水变化;②装卸货物影响

A. ①②   B. ①

C. ②

100. 船舶在港内停泊,风流较大需调整缆绳时,值班水手应报告_____,并需有多名水手进行协助。

A. 值班驾驶员   B. 船长

C. 水手长

101. 开航前,值班水手在驾驶台应做的准备工作有_____。

①打扫卫生;②解除罗经罩盖及信号灯罩;③准备好国旗、信号旗

A. ①②③   B. ①②

C. ②③

102. 离开港口前,甲板上的_____必须关闭并密封。

①水密门;②舱口道门

A. ①②   B. ①

C. ②

103. 船舶在开航前,应落下吊杆,不用固定吊货钩头,但要收紧吊货钢丝。

A. 对   B. 错

104. 主机冲车前,值班水手应重点检查方面是货物是否绑扎好。

A. 对   B. 错

105. 船舶靠码头时,值班水手应做好的工作是_____。

①值好梯口班;②正确显示国旗信号旗;③正确显示号灯、号型;④巡视甲板防火防盗防偷渡;⑤随潮水涨落调整好缆绳等

A. ①②③④⑤   B. ①②③④

C. ①②③

106. 调整缆绳时注意,一般长缆先松,短缆后松。

A. 对   B. 错

107. 调整缆绳时注意,如果是系浮筒装卸货,回头缆应当比其他缆多松一些。

A. 对   B. 错

108. 调整缆绳时,如松缆绳,应一次松到位。

A. 对   B. 错

109. 在下列系泊或装卸货时值班水手职责中,表述错误的是_____。

A. 经常巡视检查船头和船尾,防止偷窃和偷渡事件的发生

B. 根据船长的指示,正确悬挂号灯及号型

C. 按时升降国旗,按规定开关甲板照明灯,收放货舱照明灯

110. 系泊或装卸货时值班水手职责中,表述错误的是_____。

    A. 认真进行防火等安全巡回检查,尤其在夜间更应多加注意

    B. 经常查看吊货索具及起货设备是否正常,发现问题时,应立即报告值班驾驶员

    C. 下班前半小时叫醒接班水手,交接工作应在驾驶台进行

111. 在油船上应严格执行油船登船规定,保证梯口_____小时不离人,因工作确实需要离开时,及时通知船舶保安员进行替班。

    A. 8   B. 18

    C. 24

112. 船舶装卸货时值班水手应根据吃水变化情况,及时调整系泊缆绳,调整缆绳时应注意:_____,调整到各系缆受力均匀。

    A. 短缆先松,长缆后松   B. 长缆先松,短缆后松

    C. 同时松缆

113. 系浮筒时,应在舷梯旁备妥配有救生索的救生圈两个。

    A. 对   B. 错

114. 值班水手的职责包括_____。

    A. 负责看管和点收甲板物料

    B. 对傍靠本船的船舶,负责系带缆绳、安放绳梯等

    C. 负责打排压载水操作

115. 下列哪一项不是系泊值班时值班水手职责?

    A. 协助值班驾驶员调整吊杆   B. 登记来船人员

    C. 清点货物件数

116. 开航前,值班水手在驾驶台做的准备工作不包括_____。

    A. 打扫驾驶台内外,擦净驾驶台的玻璃

    B. 对时、对车钟

    C. 准备信号旗

117. 航行交接班时,交班的内容必须包括操舵磁罗经和陀螺罗经航向和在航船舶本身及周围水域情况。

    A. 对   B. 错

118. 交接班时,若接班人员没有到,交班人员在告诉值班驾驶员后就可离开回房间休息。

    A. 对   B. 错

119. 水手在锚泊值班时,发现本船走锚,应该_____。

A. 立即开启锚机松长锚链或再抛另一锚下水

B. 立即报告值班驾驶员,并悬挂"Y"信号旗

C. 立即报告大副与水手长

120. 船舶靠码头,站在梯口值班水手应注意。
①放好安全网;②对来往人员验明身份;③调整舷梯的高低;④注意上下人员的安全;⑤注意梯口的整洁等

A. ①②③④
B. ①②③④⑤

C. ②③④⑤

121. 船舶靠码头,值班水手要调整舷梯的高低,当涨潮或卸货时,将舷梯_____。
①绞高一点;②放低一点;③无须绞放

A. ①
B. ②

C. ③

122. 因故不能值班时应_____。

A. 离开值班场所,找人代替自己值班

B. 向本部门领导汇报,在征得同意且指定合适的人代替后,方可离岗

C. 设法坚持值班

123. 瞭头的交接班应在船头进行,交班者必须向接班者讲清当时海面情况及驾驶员交代事项,交代完毕后应向驾驶台报告,得到同意后方可离去。

A. 对
B. 错

124. 船舶在航行中值班水手交接班的主要职责表述正确的有_____。
①操舵陀螺罗经航向和标准罗经航向度数,将交班时的航向报告值班驾驶员;②舵性、舵效以及舵传动系统的工作技术状态;③在航的船舶和周围水域情况;④安全防火及保安有关要求

A. ②
B. ②③

C. ①②③④

125. 船舶在航行或停泊中,各类旗帜应在白天升起,晚上降下。

A. 正确
B. 错误

126. 白班水手的工作包括,在三副的指导下,对求生、消防设备进行保养。

A. 正确
B. 错误

127. 关于在系泊值班中水手交接班的做法,正确的是_____。

A. 接班水手应在交班后,巡视检查全船和周围,保证接班工作

B. 接班人没有按时接班,应立即向船长报告

C. 交接班必须在工作岗位上进行

128. 航行值班中哪种情况下值班水手不能进行交接班？
    A. 船舶正在避让其他船舶　　　　　B. 船舶正在港外航行时
    C. 船舶正在使用自动舵时

129. 航行中接班水手至少应提前_____到达驾驶台进行交接。
    A. 5 分钟　　　　　　　　　　　B. 10 分钟
    C. 15 分钟

130. 航行中交班水手应告知接班水手_____。
    A. 操舵陀螺罗经航向和标准罗经航向度数
    B. 操舵陀螺罗经航向度数
    C. 操舵标准罗经航向度数

131. 交班水手应告知接班水手的事项有_____。
    ①涨落潮；②舷梯；③安全网；④挡鼠板
    A. ②③　　　　　　　　　　　B. ②③④
    C. ①②③④

132. 交班水手应告知接班水手瞭头人员的姓名、岗位和联系方法。
    A. 对　　　　　　　　　　　B. 错

133. 白班水手的主要工作包括_____。
    A. 负责梯口值班　　　　　　B. 在二副的指导下改正海图
    C. 在三副的指导下,对救生设备进行保养

134. 航行值班中哪种情况下值班水手不能进行交接班？
    A. 船舶正在避让其他船舶　　　　　B. 船舶正在港外航行时
    C. 船舶正在使用自动舵时

135. 下列哪一内容不是航行中交接班水手必须交接的内容？
    A. 船舶航向和磁罗经航向　　　B. 操舵系统的工作状态
    C. 船舶导航设备工作状态

136. 锚泊中值班水手的职责包括_____。
    A. 安全防火巡视　　　　　　B. 船舶航向和磁罗经航向
    C. 试验锚机的运转状况

137. 锚泊中值班水手的职责不包括_____。
    A. 注意过往船只和周围锚泊船的信号和动态
    B. 查看锚设备是否正常
    C. 检查锚位

138. 航行交接班时,交班的内容必须包括操舵磁罗经和陀螺罗经航向与在航船舶本身及周围水域情况。

A. 对　　　　　　　　　　　　B. 错

139. 交接班时,若接班人员没有到,交班人员在告诉值班驾驶员后就可离开回房间休息。

A. 对　　　　　　　　　　　　B. 错

140. 系泊或装卸货时值班水手交接事项的内容有_____。
①涨落潮、舷梯、安全网、系缆及上下船人员等情况;②锚灯、号灯、甲板和货舱照明灯等情况;③装卸设备、属具和索具的技术状态,及开工舱口情况;④安全防火及保安有关要求及周围船舶情况

A. ①②　　　　　　　　　　　B. ①②③

C. ①②③④

141. 以下哪项不是锚泊中值班水手交接的事项?

A. 锚泊舷梯和绳梯使用情况　　　B. 涨落潮和转头时间

C. 锚位或船位

142. 下列哪一内容不是航行中交接班水手必须交接的内容?

A. 周围船舶的数量

B. 已显示的航行灯和其他信号的技术状况

C. 货舱通风情况

第四节　保持安全值班

1. 在港内,船舶装有危险品时,夜间应显示一盏黄色灯。

A. 对　　　　　　　　　　　　B. 错

2. 油船应显示何种危险信号?

A. 白天悬挂"P"旗,夜间显示一盏环照绿灯

B. 白天悬挂"Q"旗,夜间显示一盏环照白灯

C. 白天悬挂"B"旗,夜间显示一盏环照红灯

3. 能见度不良时,听到声号一短声一长声一短声,表明附近有锚泊船。

A. 对　　　　　　　　　　　　B. 错

4. 声响信号在能见度不良时,可用来表明船舶种类、动态,并作为避让动作的一种有效依据。

A. 对　　　　　　　　　　　　B. 错

5. 船舶互见中的操纵声号,一短声的含义是"我正在向左转向"。

A. 正确　　　　　　　　　　　B. 错误

6. 在港内,船舶装有危险品时,夜间应显示一盏_____。

A. 白色灯 B. 黄色灯

C. 红色灯

7. 船舶锚泊时,白天应悬挂_____号型。

A. 正方体 B. 锚球

C. 菱形体

8. 能见度良好的情况下,应显示号灯的时间是_____。

A. 从日没到日出 B. 1800—0600

C. 白天

9. 海船号灯的舷灯颜色是右红左绿。

A. 对 B. 错

10. 下图中海船的号灯表示的是_____。

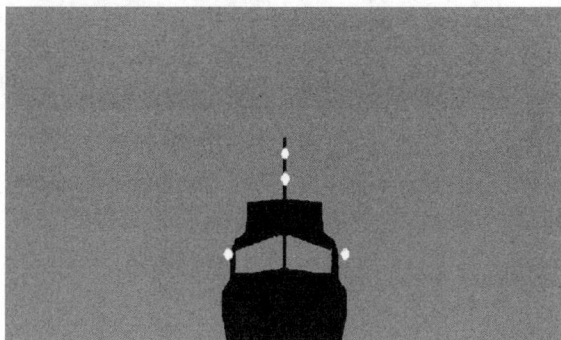

A. 失去控制船(对水移动) B. 限吃水船

C. 操纵能力受限制船

11. 下图中海船的号型表示的是_____。

A. 失去控制 B. 限吃水船

C. 操纵能力受限制船

12. 海船应_____显示规定的号灯。

    A. 从日出到日落   B. 从日没到日出或在能见度不良时

    C. 从 1700 到 0600 时

13. 在航的商船,一般显示的号灯有_____。

    A. 桅灯、舷灯和拖带灯   B. 环照灯、舷灯和拖带灯

    C. 桅灯、舷灯和尾灯

14. 夜晚航行值班时,在正船头看到来船显示如下图所示的号灯,则属于_____。

    A. 交叉   B. 追越

    C. 对遇

15. 船舶锚泊时,白天应悬挂_____号型。

    A. 正方体   B. 锚球

    C. 菱形体

16. 不是海船号灯的是_____。

    A. 桅灯、舷灯、尾灯、拖带灯   B. 环照灯

    C. 应急灯

17. 海船号灯的舷灯颜色是右红左绿。

    A. 对   B. 错

18. 下图中海船的号型表示的是_____。

　　A. 失去控制　　　　　　　　　　B. 操纵能力受限制船

　　C. 限吃水船

19. 海船应_____显示规定的号灯。

　　A. 从 1700 到 0600 时　　　　　　B. 从日没到日出或在能见度不良时

　　C. 从日出到日落

20. 在航的商船, 一般显示的号灯有_____。

　　A. 桅灯、舷灯和拖带灯　　　　　　B. 环照灯、舷灯和拖带灯

　　C. 桅灯、舷灯和尾灯

21. 号型的颜色是_____。

　　A. 橘黄色　　　　　　　　　　　　B. 红色

　　C. 黑色

22. 一艘正常航行的机动船的航行灯包括_____。

　　A. 桅灯、舷灯、尾灯　　　　　　　B. 桅灯、舷灯、号灯

　　C. 前、后桅灯, 左、右舷灯, 环照灯

23. 海洋水面在周期性外力的作用下产生了周期性的升降运动称为_____。

　　A. 潮流　　　　　　　　　　　　　B. 海流

　　C. 潮汐

24. 海面由高潮下降到低潮的过程, 称为_____。

　　A. 低潮　　　　　　　　　　　　　B. 涨潮

　　C. 落潮

25. 涨潮时间是_____。

　　A. 从高潮时到低潮时的时间间隔

　　B. 从低潮时到高潮时的时间间隔

　　C. 当高潮发生后, 海面有一段停止升降的时间

26. 每月的上弦(农历初七)、下弦(农历二十三)时, 出现高潮最低、低潮最高的现象。这种潮汐称为_____。

　　A. 高潮　　　　　　　　　　　　　B. 大潮

　　C. 小潮

27. 当高潮发生后, 海面有一段时间呈现停止升降的现象, 称为_____。

　　A. 平潮　　　　　　　　　　　　　B. 停潮

　　C. 高潮

28. 我国沿海大潮一般不发生在农历的初一或十五。

　　A. 对　　　　　　　　　　　　　　B. 错

29. 潮汐中, 当海面升到最高时, 称为_____。

A. 高潮　　　　　　　　　　　　　　B. 低潮

C. 平潮

30. 海洋水面在周期性外力的作用下产生了周期性的升降运动称为潮汐。

A. 对　　　　　　　　　　　　　　B. 错

31. 海面由低潮上升到高潮的过程,称为_____。

A. 高潮　　　　　　　　　　　　　　B. 低潮

C. 涨潮

32. 海面由高潮下降到低潮的过程,称为落潮。

A. 对　　　　　　　　　　　　　　B. 错

33. 农历初一(新月)或十五(满月),出现高潮最高、低潮最低的现象。这种潮汐称为_____。

A. 高潮　　　　　　　　　　　　　　B. 大潮

C. 小潮

34. 当高潮发生后,海面有一段时间呈现停止升降的现象,称为_____。

A. 平潮　　　　　　　　　　　　　　B. 停潮

C. 高潮

35. 我国沿海大潮一般发生在农历的初一或十五。

A. 对　　　　　　　　　　　　　　B. 错

36. 潮汐中,当海面升到最高时,称为高潮。

A. 对　　　　　　　　　　　　　　B. 错

37. 我国沿海大潮一般出现在每月_____。

A. 农历初三或十八　　　　　　　　B. 农历初一或十五

C. 农历初七或二十三

38. 由于引潮力的作用,而造成海水在水平方向上的周期性的流动,称为_____。

A. 海流　　　　　　　　　　　　　　B. 洋流

C. 潮流

39. 影响潮流大小的因素下列说法正确的是

A. 不受引潮力大小影响。

B. 不受地形和海水的深浅影响。

C. 受引潮力大小、地形和海水的深浅影响。

40. 潮流在大洋中,一般很大,在近岸的浅海,一般很小。

A. 对　　　　　　　　　　　　　　B. 错

41. 潮流在大洋中,一般很小,但在近岸的浅海,则非常显著,尤其在海峡、湾口、狭水道中常有强大的潮流。

    A. 对   B. 错

42. 潮流大小受_____影响。

    ①引潮力大小;②地形;③海水的深度

    A. ①②③   B. ①②

    C. ①③

43. 海面宽度不变,海水深度变浅时潮流速度会_____。

    A. 减小   B. 增大

    C. 不变

44. 由于引潮力的作用,而造成海水在水平方向上的周期性的流动,称为_____。

    A. 洋流   B. 海流

    C. 潮流

45. 潮流在大洋中,一般很大;在近岸的浅海,一般很小。

    A. 对   B. 错

46. 潮流在大洋中,一般很大,但在近岸的浅海,则非常显著,尤其在海峡、湾口、狭水道中常有很小的潮流。

    A. 对   B. 错

47. 船舶在有风的天气航行,为了保持船在计划航线上,一般要在计划航向上向下风方向加上合适的风压角度。

    A. 对   B. 错

48. 横风主要影响航行方向,顶风和顺风主要影响航速。

    A. 对   B. 错

49. 风舷角为 80°~100° 的风称为_____。

    A. 顺风   B. 横风

    C. 偏顺风

50. 风舷角为 10°~80° 的风称为_____。

    A. 顺风   B. 偏顺风

    C. 偏逆风

51. 船舶受风作用的面积越大,漂移速度就_____。

    A. 越小   B. 不变

    C. 越大

52. 船舶在航行时观测到的风是_____。

    A. 船风   B. 真风

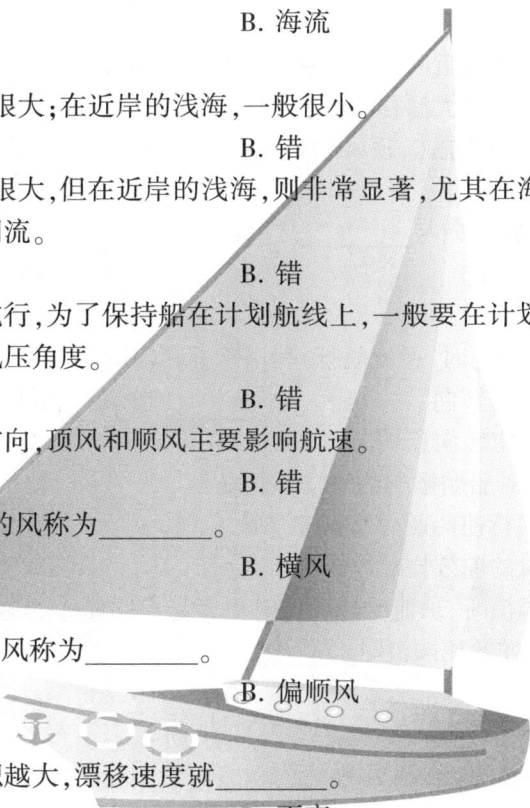

C. 视风

53. 风从_____吹来,船舶的漂移的速度最大。

    A. 顶风   B. 正横附近

    C. 偏顺风

54. 航海上,风向是指_____。

    A. 风来的方向   B. 风去的方向

    C. 航行中用测风仪测得的方向

55. 满载的大型船舶在有风、有流时操舵应_____。

    A. 早用舵,早回舵,用较大舵角   B. 早用舵,早回舵,用较小舵角

    C. 早用舵,晚回舵,用较小舵角

56. 船舶在风中航行时,风使船舶向下风漂移,关于漂移的速度说法不正确的是_____。

    A. 风从正横附近吹来,漂移的速度最大   B. 漂移的速度与风速的大小成正比

    C. 船舶航速越大漂移速度越大

57. 横风主要影响航速,顶风和顺风主要影响航行方向。

    A. 对   B. 错

58. 风舷角是指风向与_____之间的夹角。

    A. 风中航迹向   B. 船首尾线

    C. 真北

59. 船舶在进出港时,逆流航行,利用浮标转向应_____。

    A. 适当提前转向   B. 适当推迟转向

    C. 到达预定转向点转向

60. 关于水流对船舶影响的说法不正确是_____。

    A. 顺流航行使船舶对水航速加快

    B. 顶流时的舵效比顺流时好

    C. 船舶靠泊时,顶流时比顺流时更容易控制船舶的速度

61. 顶流时的舵效比顺流时_____.

    A. 一样   B. 好

    C. 差

62. 流压差是船舶在水流中航行的真航向与实际航迹线之间的夹角。

    A. 正确   B. 错误

63. 船舶在有风的天气航行,为了保持船在计划航线上,一般要在计划航向上向下风方向加上合适的风压角度。

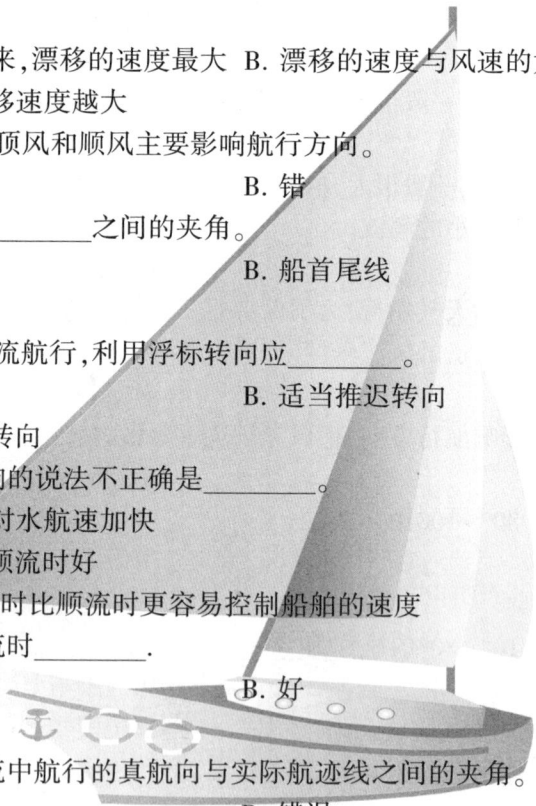

    A. 对   B. 错

64. 船舶受风作用的面积越大,漂移速度就_____。
　　A. 越大　　　　　　　　　　B. 不变
　　C. 越小

65. 风对船舶的影响主要取决于_____。
　　①风力大小;②风舷角的大小;③受风面积
　　A. ①②　　　　　　　　　　B. ①③
　　C. ①②③

66. 风从_____吹来,船舶的漂移的速度最大。
　　A. 顶风　　　　　　　　　　B. 正横附近
　　C. 偏顺风

67. 船舶在海上航行,操纵性能常会受到水流影响。航海中,对船舶操纵产生影响的水流主要包括_____。
　　①海流;②潮流;③风生流
　　A. ①②　　　　　　　　　　B. ①③
　　C. ①②③

68. 风向是风吹来的方向。
　　A. 正确　　　　　　　　　　B. 错误

69. 风舷角是指风向和船首尾线之间的夹角。
　　A. 正确　　　　　　　　　　B. 错误

70. 航海上把风舷角小于_____度的风称为顶风。
　　A. 5°　　　　　　　　　　　B. 10°
　　C. 15°

71. 风浪较大时操纵船舶转向,不可取的做法是_____。
　　A. 应使舵角由小逐渐增大　　　B. 应采取慢速,配合小舵角旋转
　　C. 可上来就操满舵转向

72. 一般顺流过弯段时,为防止船尾被推向凹岸一边,可采取慢车,小舵角。
　　A. 对　　　　　　　　　　　B. 错

73. 船舶航行时_____时候舵效最好。
　　A. 顺流　　　　　　　　　　B. 静水中
　　C. 顶流

74. 在河道的弯曲地段,无论涨潮或落潮,水流都向凸岸一边推压。
　　A. 对　　　　　　　　　　　B. 错

75. 顶流过弯段时,应顺凹岸用慢速保持连续内转的惯性,尽量使船舶沿水流线航行。

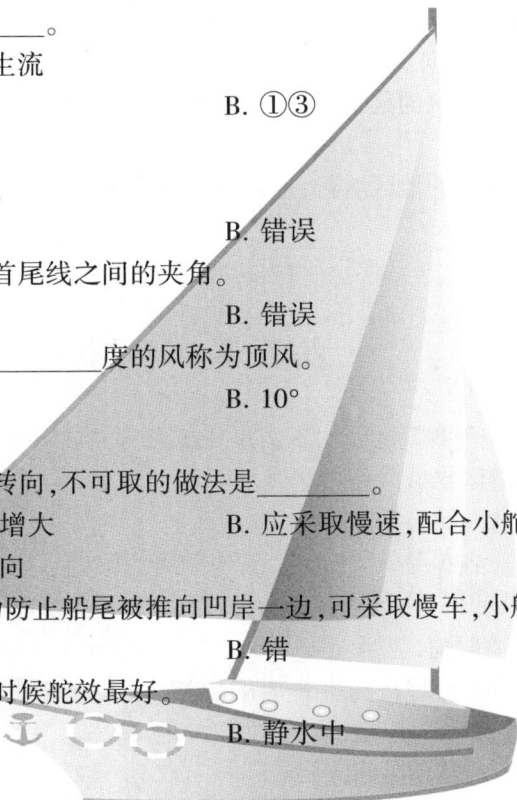

A. 对   B. 错

76. 河道的弯曲地段,无论涨潮或落潮,水流都向_____一边推压,且流向和流速都不均匀。

A. 凹岸   B. 河道中央

C. 凸岸

77. 船舶顺流航行,其实际航速等于对水航速与流速之和。

A. 对   B. 错

78. 航海上,流向是指_____。

A. 流来的方向   B. 流去的方向

C. 船舶运动的方向

79. 进出港时,顺流航行,利用浮标转向应_____。

A. 适当提前转向   B. 适当推迟转向

C. 到达预定转向点转向

80. 船舶航行于有流的狭水道,顺流舵效好于顶流。

A. 对   B. 错

81. 船舶在有水流的地区航行,逆水时的舵效比顺水时的舵效要_____。

A. 好   B. 一样

C. 差

第五节　环境保护

1. 船舶在进行下列哪项活动,不需事先按照有关规定报经有关部门批准或核准?

A. 船舶在港区水域内使用焚烧炉

B. 船舶在港内加工食品

C. 船舶冲洗沾有污染物,有毒、有害物质的甲板

2. 中华人民共和国《防治船舶污染海洋环境管理条例》规定:船舶发生事故有沉没危险,船员离船前,应当_____。

A. 及时向海事管理机构报告船舶燃油、污染危害性货物以及其他污染物的性质、数量、种类、装载位置等情况

B. 及时采取措施清除污染物

C. 尽可能关闭所有货舱(柜)、油舱(柜)管系的阀门,堵塞货舱(柜)、油舱(柜)通气孔

3. 为帮助船员在船舶发生或可能发生意外排油时,采取措施以控制或尽量减少排放,减轻油污损害而制定的称为_____。

A. 油污应急计划　　　　　　　　B. 防油污计划

C. 应变部署表

4. 装有有害物质的包装件应永久地标以正确的_____。

A. 商业名称　　　　　　　　　　B. 习惯名称

C. 技术名称

参考答案

第一节　船上术语和定义

1. A	2. A	3. A	4. C	5. A	6. C	7. B	8. B	9. C	10. A
11. A	12. B	13. C	14. A	15. B	16. B	17. C	18. A	19. A	20. A
21. A	22. C	23. A	24. A	25. B	26. B	27. A	28. A	29. A	30. C
31. C	32. A	33. B	34. C	35. B	36. C	37. C	38. C	39. B	40. A
41. B	42. B	43. A	44. B	45. C	46. A	47. B	48. C	49. C	50. A
51. C	52. B	53. B	54. A	55. A	56. B	57. A	58. A	59. A	60. C
61. A	62. A	63. B	64. A	65. A	66. A	67. C	68. B	69. A	70. A
71. C	72. C	73. A	74. B	75. B	76. A	77. A	78. B	79. C	80. C
81. A	82. B	83. A							

第二节　船上内部通信与报警

1. A	2. A	3. B	4. A	5. A	6. C	7. B	8. C	9. A	10. B
11. C	12. A	13. A	14. C	15. C	16. A	17. C	18. A	19. A	20. C

第三节　值班及交接班

1. A	2. C	3. C	4. B	5. A	6. C	7. A	8. A	9. A	10. A
11. A	12. A	13. B	14. A	15. B	16. B	17. B	18. B	19. A	20. A
21. B	22. B	23. A	24. B	25. B	26. A	27. B	28. A	29. A	30. A
31. A	32. A	33. A	34. C	35. A	36. C	37. A	38. A	39. C	40. B
41. A	42. B	43. B	44. C	45. C	46. A	47. C	48. C	49. A	50. B
51. B	52. B	53. C	54. A	55. A	56. A	57. A	58. A	59. C	60. A

61. A	62. A	63. A	64. C	65. C	66. B	67. B	68. A	69. C	70. A
71. A	72. B	73. C	74. A	75. A	76. C	77. C	78. B	79. A	80. A
81. A	82. A	83. A	84. A	85. A	86. B	87. A	88. C	89. A	90. B
91. B	92. B	93. B	94. C	95. A	96. C	97. A	98. C	99. A	100. A
101. A	102. A	103. B	104. B	105. A	106. B	107. A	108. B	109. B	110. C
111. C	112. A	113. B	114. B	115. C	116. B	117. A	118. B	119. B	120. B
121. B	122. B	123. A	124. C	125. B	126. A	127. C	128. A	129. C	130. A
131. C	132. A	133. C	134. A	135. B	136. A	137. C	138. A	139. B	140. C
141. C	142. A								

第四节　保持安全值班

1. B	2. C	3. A	4. A	5. B	6. C	7. B	8. A	9. B	10. A
11. A	12. B	13. C	14. C	15. B	16. C	17. B	18. A	19. B	20. C
21. C	22. A	23. C	24. C	25. B	26. C	27. A	28. A	29. A	30. A
31. C	32. C	33. B	34. A	35. B	36. A	37. A	38. C	39. C	40. B
41. A	42. A	43. B	44. C	45. B	46. B	47. B	48. A	49. B	50. C
51. C	52. C	53. B	54. C	55. A	56. C	57. B	58. B	59. B	60. A
61. B	62. A	63. B	64. A	65. C	66. B	67. C	68. A	69. A	70. B
71. C	72. A	73. C	74. B	75. A	76. A	77. A	78. B	79. A	80. B
81. A									

第五节　环境保护

| 1. B | 2. C | 3. A | 4. C |

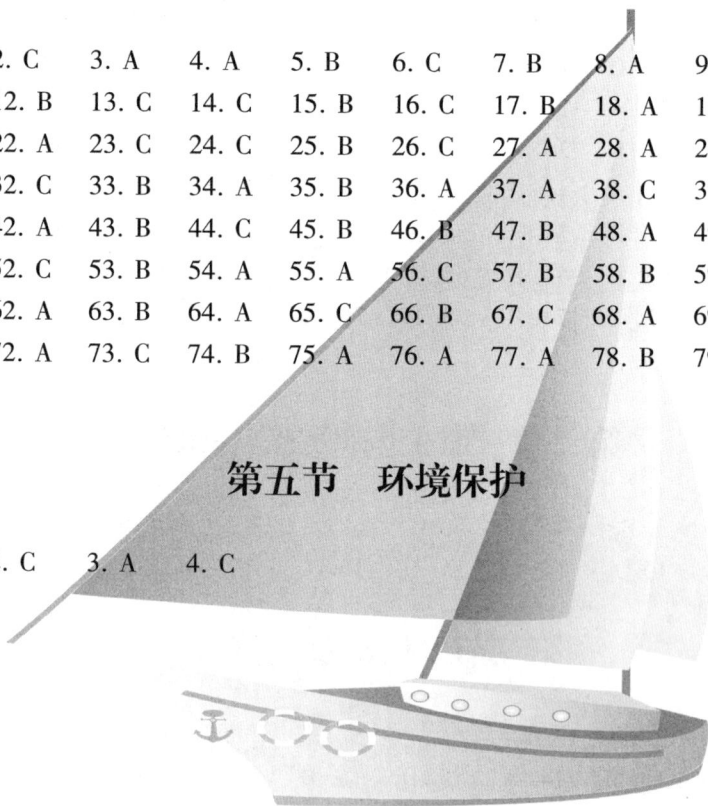

第四章

操作应急设备和应用应急程序

第一节　应急程序

1. 货船每_____至少进行一次弃船演习和消防演习。
   A. 一个月　　　　　　　　　　　B. 两个月
   C. 三个月

2. 弃船是万不得已而做出的决定,下列何种情况下应立即弃船?
   A. 船舶货舱发生火灾、经全力扑救,火势得以控制
   B. 船舶舵机失灵、船舶操纵受到限制
   C. 船舶触礁造成船体破裂、大量进水、经积极抢救无效,事态恶化,确已无法保全船舶

3. 弃船时全体船员在奔赴集合地点前应携带部署表中所规定的应携带的物品。
   A. 对　　　　　　　　　　　　　B. 错

4. 听到弃船警报信号后,全体船员应在 3 min 内穿好救生衣,到达集合地点。
   A. 对　　　　　　　　　　　　　B. 错

5. 弃船时,全体船员在奔赴集合地点前的行动,不包括_____。
   A. 少穿保暖性能好的衣服
   B. 尽可能多带淡水和食物
   C. 携带部署表中所规定的应携带的物品

6. 客船_____应举行一次弃船和消防演习。
   A. 每周　　　　　　　　　　　　B. 每月
   C. 每三个月

7. 货船每_____至少进行一次弃船演习和消防演习。
   A. 一个月　　　　　　　　　　　B. 半个月
   C. 三个月

8. 弃船是万不得已而做出的决定,若船舶舵机失灵,船舶操纵受到限制应立即

弃船。

    A. 对   B. 错

9. 客船每周应举行一次弃船演习和消防演习。

    A. 对   B. 错

10. _____全体船员在奔赴集合地点前应携带部署表中所规定的物品。

    A. 弃船时   B. 船舶操纵能力受限时

    C. 消防演习时

11. 关于救生演习,叙述正确的一项是_____。

    A. 弃船演习时,指定负责人需要携带 SART、VHF 等设备

    B. 把 EPIRB 带上救生艇筏并发射

    C. 不用携带 SART、VHF 及 EPIRB 等设备

12. 听到弃船警报信号后,全体船员应在_____内穿好救生衣,到达集合地点。

    A. 2 min   B. 3 min

    C. 4 min

13. 弃船时,全体船员在奔赴集合地点前的行动,应尽可能多带淡水和食物。

    A. 对   B. 错

14. 客船每月应举行一次弃船和消防演习。

    A. 对   B. 错

15. 货船应定期进行相关的演习和演练,其中消防和救生演习应以_____一次的频率进行。

    A. 每周   B. 每月

    C. 每季度

16. 货船若有 25% 以上的船员未参加上一次的消防和救生演习,则应在_____举行以上两项演习。

    A. 离港前   B. 离港后 24 小时内

    C. 离港后一周内

17. 客船应_____举行消防和弃船演习。

    A. 每天   B. 每周

    C. 每月

18. 非短程国际航行的客船,应在旅客上船后_____举行旅客的集合演习。如果只有少数旅客在港口上船,则应请这些旅客注意应变须知,不必进行另外的演习。

    A. 8 小时内   B. 12 小时内

C. 24 小时内

19. 听到警报信号后,船员必须在多长时间内到达指定的集合地点?

　　A. 1 分钟　　　　　　　　　　　　B. 2 分钟

　　C. 5 分钟

20. 船舶配备的救生艇,每只都应该每_____个月进行一次降落演习,并且在水中进行操纵。

　　A. 3　　　　　　　　　　　　　　B. 4

　　C. 5

21. 下列属于弃船时应采取的行动的是_____。

　　A. 尽可能多的携带贵重物品和财物　　B. 尽可能多带淡水和食物

　　C. 尽可能少穿衣物减少负重和负担

22. 下列不属于弃船时应采取的行动的是_____。

　　A. 免除固定值班人员的值守

　　B. 全体船员,除固定值班者外,应在 2 min 内穿好救生衣到达集合地点

　　C. 携带部署表中所规定的应携带的物品

23. 听到弃船警报信号后,全体船员应在_____内穿好救生衣,到达集合地点,进行弃船演习和操练。

　　A. 2 分钟　　　　　　　　　　　　B. 3 分钟

　　C. 5 分钟

24. 弃船警报施放_____。

　　A. 警铃和汽笛一长声,连放 30 s

　　B. 警铃和汽笛二长声继以一短声,连放 1 min

　　C. 警铃或汽笛七短声继以一长声,连放 1 min

25. 在人落水警报信号之后一短声表示左舷落水,二短声表示右舷落水。

　　A. 对　　　　　　　　　　　　　　B. 错

26. 裂缝的堵法是_____。

　　A. 直接用木塞打入

　　B. 用麻丝、破布或木塞将缝堵塞之后,再用螺丝旋入小孔堵塞

　　C. 在裂缝两端钻小孔止裂,用麻丝、破布或木塞将缝堵塞之后,再用螺丝旋入小孔堵塞

27. 对于有较大向内卷边的洞口,或有一些小型突出物的舷壳裂口的漏洞用_____器材堵漏比较合适。

　　A. 堵漏板　　　　　　　　　　　　B. 堵漏箱

　　C. 堵漏螺杆

28. 堵漏毯方形挂法适用于_____船壳处。

A. 平直   B. 水线下一般弯曲

C. 水线下首尾

29. 水线下直径小于 76 mm 的破洞采用_____堵为宜。

A. 堵漏盒   B. 堵漏毯

C. 木塞

30. 下列有关保管堵漏器材的说法,不正确的是_____。

A. 存放在规定地点,专人保管,不移作他用

B. 橡胶材料不要存放在高温处,以防老化变质

C. 橡胶垫及木楔等应涂漆保护

31. 裂缝不能直接用木塞打入,应先在裂缝两端钻小孔止裂,再进行堵漏。

A. 对   B. 错

32. 若一舱进水,舱壁已变形,应立即用千斤顶进行矫正。

A. 对   B. 错

33. 下图所示是堵漏毯的_____挂法,适用于平直船壳及弯曲船壳处。

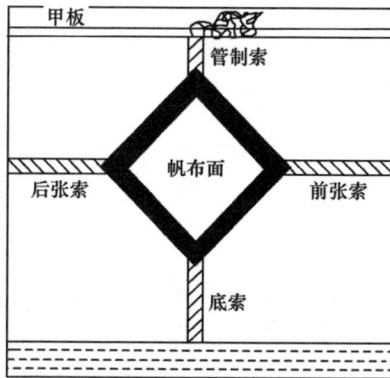

A. 菱形   B. 方形

C. 垂直

34. 下图所示是堵漏毯的_____挂法,适用于平直船壳处。

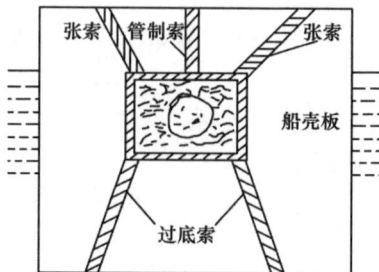

A. 菱形　　　　　　　　　　　　B. 方形

C. 垂直

35. 方形堵漏板由吊索、铁板、橡皮垫、拉索等组成,它是_____堵的一种堵漏
工具。

A. 从舱内向外　　　　　　　　　B. 从舱外向内

C. 从舱内向外或从舱外向内都可以

36. 堵漏盒,它是一个方形铁箱,开口一面四周有橡皮垫条,是一种_____进行
堵漏的器材。

A. 从船内　　　　　　　　　　　B. 从舷外

C. 从船内或从舷外都可以

37. 弃船应变演习的信号是_____。

A. 六短声　　　　　　　　　　　B. 七短声

C. 七短声继以一长声

38. 听到弃船警报信号后,全体船员应在2分钟内穿好救生衣,到达集合地点,进行
弃船演习和操练。

A. 对　　　　　　　　　　　　　B. 错

39. 弃船警报施放警铃或汽笛七短声继以一长声,连放 1 min。

A. 对　　　　　　　　　　　　　B. 错

40. 在人落水警报信号之后一短声表示左舷落水,二短声表示右舷落水。

A. 对　　　　　　　　　　　　　B. 错

41. 警铃或汽笛短声连放 1 min 的演习信号是_____。

A. 弃船演习　　　　　　　　　　B. 消防演习

C. 堵漏演习

42. 弃船应变演习的信号是七短声继以一长声。

A. 对　　　　　　　　　　　　　B. 错

43. 消防演习的信号为_____。

A. 警铃和汽笛短声,连放 30 s　　B. 警铃和汽笛长声,连放 30 s

C. 警铃和汽笛短声,连放 1 min

44. 弃船演习信号为_____。

A. 警铃或汽笛七短声继以一长声,连放 1 min

B. 警铃或汽笛六短声继以一长声,连放 1 min

C. 警铃或汽笛七短声继以二长声,连放 1 min

45. 火灾自动警报系统的探头是_____。

   A. 感温式 　　　　　　　　　　　　B. 感烟式

   C. 感温式和感烟式

46. 船舶警铃和汽笛短声,连放 1 分钟,是下列哪一种警报信号?

   A. 弃船 　　　　　　　　　　　　　B. 火警

   C. 堵漏

47. 船舶火灾警报中,为了在警报信号中表明失火的部位,通常会在消防警报后配以若干短声加以区分,其中配以四短声是表示_____部位失火。

   A. 前部 　　　　　　　　　　　　　B. 机舱

   C. 上层甲板

48. 警铃和汽笛二长声继以一短声,连放 1 分钟是_____。

   A. 堵漏警报 　　　　　　　　　　　B. 弃船警报

   C. 消防警报

49. 警铃和汽笛三长声,连放 1 分钟是_____。

   A. 堵漏警报 　　　　　　　　　　　B. 弃船警报

   C. 人员落水警报

50. 人员落水警报中,为了区分落水人员相对船舶的位置,通常会配以相应的长声进行表明,其中表示人员从船舶右舷落水的警报信号是_____。

   A. 警铃和汽笛三长声,连放 1 分钟,继以一长声

   B. 警铃和汽笛三长声,连放 1 分钟,继以两长声

   C. 警铃和汽笛三长声,连放 1 分钟,继以三长声

51. 弃船警报信号是_____。

   A. 警铃和汽笛短声,连放 1 分钟

   B. 警铃和汽笛二长声继以一短声,连放 1 分钟

   C. 警铃或汽笛七短声继以一长声,连放 1 分钟

52. 船舶的弃船命令应该由_____下达。

   A. 船长 　　　　　　　　　　　　　B. 轮机长

   C. 公司负责人

53. 弃船演习所使用的救生艇,应该在释放命令下达后的_____内被降至水面。

   A. 2 分钟 　　　　　　　　　　　　B. 5 分钟

   C. 10 分钟

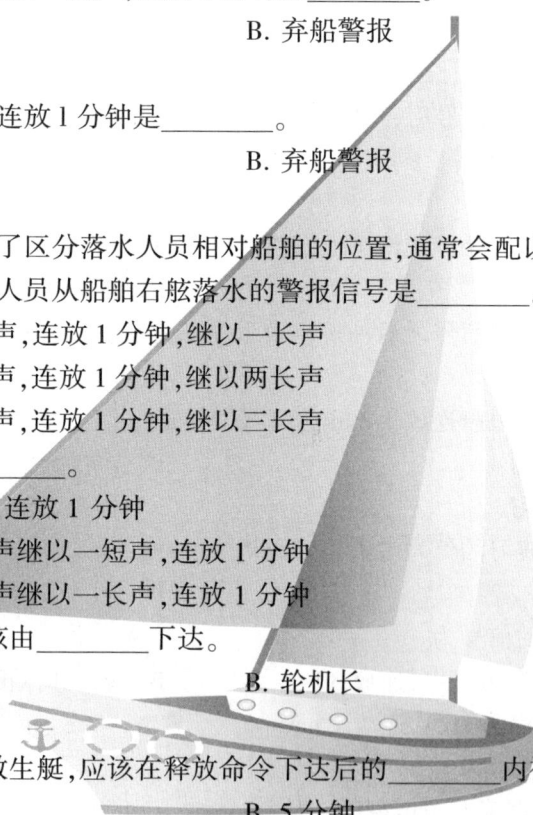

第二节　应急设备

1. 船用烟雾信号一般为拉发式释放,点燃后发出_____浓烟。
   A. 橙黄色　　　　　　　　　　　　　B. 红黄色
   C. 黄色

2. 白天应该使用_____求救信号。
   A. 橙色烟雾　　　　　　　　　　　　B. 红光降落伞火箭
   C. 红光火焰

3. 为了在白天或黑夜更容易发现救生圈的位置,必须在救生圈上附带_____。
   A. 自亮灯和自发烟雾信号　　　　　　B. 日光信号镜
   C. 对讲机

4. 在救生艇、筏中,可以用于晚上招引注意的求救信号是_____。
   A. 黄色烟雾信号　　　　　　　　　　B. 日光信号镜
   C. 莫氏手电筒

5. 火箭降落伞火焰信号释放时,如果有风,应_____。
   A. 略偏上风　　　　　　　　　　　　B. 略偏下风
   C. 垂直释放

6. 手持火焰信号释放时应将信号伸出上风舷,并向上风倾斜。
   A. 对　　　　　　　　　　　　　　　B. 错

7. SOLAS 公约强制规定的求救信号有_____。
   ①红星火箭;②手持火焰信号;③漂浮烟雾信号;④火箭降落伞火焰信号
   A. ①②③　　　　　　　　　　　　　B. ②③④
   C. ①②③④

8. 红色降落伞火箭只能用于夜间释放。
   A. 对　　　　　　　　　　　　　　　B. 错

9. 下列信号哪个不是遇险信号?
   A. 至少五次短而急的闪光　　　　　　B. 橙色烟雾信号
   C. 一面方旗在一球体上方

10. 为了在白天或黑夜更容易发现救生圈的位置,在驾驶台两边的救生圈上必须附带_____。
    A. 火箭降落伞火焰信号　　　　　　　B. 自亮灯和自发烟雾信号
    C. 手持火焰信号

11. 漂浮烟雾信号释放时应将信号罐放进下风舷外水中,让其发烟漂浮。
    A. 对　　　　　　　　　　　　　　　B. 错

参考答案

第一节　应急程序

1. A	2. C	3. A	4. B	5. A	6. A	7. A	8. B	9. A	10. A
11. A	12. B	13. A	14. B	15. B	16. B	17. C	18. C	19. B	20. A
21. B	22. A	23. A	24. C	25. B	26. C	27. B	28. A	29. C	30. C
31. A	32. B	33. A	34. B	35. B	36. A	37. C	38. A	39. A	40. B
41. B	42. A	43. C	44. A	45. C	46. B	47. B	48. A	49. C	50. A
51. C	52. A	53. B							

第二节　应急设备

1. A	2. A	3. A	4. C	5. A	6. B	7. B	8. B	9. A	10. B
11. A									

第五章
系泊操作

第一节 靠、离泊和拖带作业

1. 化学纤维的主要特点有_____。
   A. 重量轻、强度大、耐霉烂,有良好的柔韧性和伸缩性
   B. 重量轻、强度大、弹性大,易受潮耐腐蚀
   C. 重量轻、强度大,不吸水,质地柔软

2. 高空作业中,为了工作人员的安全,上高绳应选用_____。
   A. 尼龙绳   B. 棉麻绳
   C. 白棕绳

3. 钢丝绳中油麻芯的作用是_____。
   ①产生软垫作用;②减少钢丝绳内部摩擦;③润滑钢丝绳内部;④防止生锈;
   ⑤延长寿命;⑥便于操作。
   A. ①②③④⑤   B. ①②③④⑤⑥
   C. ①②③

4. 尼龙绳是化纤缆中强度最大的一种,耐磨,对酸碱和油类等有一定的抵抗能力,
   但伸长率较大,弹性大,有一定吸水性,耐汽候能力较差。
   A. 对   B. 错

5. 软钢丝由6股钢丝中间夹1根油麻芯制成,特点是柔软、质轻、在同直径的钢丝
   绳中强度最小,使用方便。
   A. 对   B. 错

6. _____又称马尼拉绳。
   A. 白棕绳   B. 油麻绳
   C. 椰棕绳

7. _____是用焦油浸过的麻纤维制成,因而吸水性降低,但纤维发脆,使弹性和
   强度降低。

中华人民共和国海船船员培训大纲熟悉训练资源

A. 白棕绳   B. 油麻绳

C. 椰棕绳

8. _____是用棉纤维制成,质轻、柔软,但易吸水而腐烂,船上常用作旗绳和计程仪绳。

    A. 白棕绳   B. 棉线绳

    C. 椰棕绳

9. _____的搓制方法是先由纤维丝搓成绳条,再由绳条搓成绳股,几根绳股再搓合成绳。

    A. 拧绞绳   B. 编绞绳

    C. 编织绳

10. _____整根钢丝绳全部由钢丝组成,其特点是丝数少,钢丝绳内无油麻芯,在钢丝绳中最坚硬,强度也最大,但使用不方便。

    A. 硬钢丝绳   B. 半硬钢丝绳

    C. 软钢丝绳

11. _____在船上多用来作静索,如桅杆、烟囱的支索。

    A. 硬钢丝绳   B. 半硬钢丝绳

    C. 软钢丝绳

12. 纤维绳的规格,根据船上的习惯,一般都量它们的圆周长,并用_____作计算单位。

    A. 英寸   B. 厘米

    C. 毫米

13. 量取纤维绳直径时,必须注意要量其_____直径。

    A. 最小   B. 最大

    C. 平均

14. 在合成纤维绳中,_____的特点是:质量最轻、柔软、吸水率特小,但耐热性较差。

    A. 尼龙绳   B. 涤纶绳

    C. 丙纶绳

15. 合成纤维绳中尼龙绳的强度最大。

    A. 正确   B. 错误

16. 根据船上习惯,一般都用英寸来表示纤维绳的规格。

    A. 正确   B. 错误

17. 开启小规格的新绳,为防止扭结,将外面绳头朝下,从上面抽出里面的绳头。

    A. 对   B. 错

18. 船首缆绳,在长航次开始后,为避免风浪袭击下海,应按规定收入舱内。

    A. 对 　　　　　　　　　　　　　B. 错

19. 切断钢丝绳前,必须在切断处两端留出约 10 cm 的长度,并各用油麻绳或细铁丝扎紧,防止切断钢丝绳后松散。

    A. 对 　　　　　　　　　　　　　B. 错

20. 对钢丝绳插接完成后用铁锤将插接部位敲实、敲顺,先从起头部位开始,顺着绳股走向,边敲边转动眼环。

    A. 对 　　　　　　　　　　　　　B. 错

21. 船舶带缆盘放在甲板时,右搓绳应_____。

    ①顺时针方向盘放;②逆时针方向盘放;③先顺时针,后逆时针方向盘放

    A. ① 　　　　　　　　　　　　　B. ②

    C. ③

22. 化纤绳和钢丝绳可以挽在同一双柱缆桩上。

    A. 对 　　　　　　　　　　　　　B. 错

23. 打开新植物纤维绳捆时,小规格的绳捆应将自捆_____的绳头拉出。

    A. 内 　　　　　　　　　　　　　B. 外

    C. 将其吊起后边转边拉

24. 钢丝绳的断丝在_____倍直径长度内超过_____时就应换新。

    A. 10;8% 　　　　　　　　　　　B. 5;10%

    C. 10;5%

25. 缆绳的使用强度也就是它的破断强度。

    A. 对 　　　　　　　　　　　　　B. 错

26. 下图中 6 所表示的是_____。

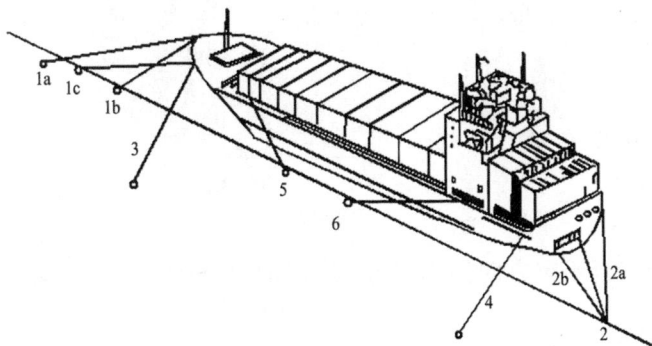

    A. 尾缆 　　　　　　　　　　　　B. 尾倒缆

    C. 尾横缆

27. 直径为 20 mm 的 6×19 的钢丝绳,如果在 20 cm 长度内发现_____根断头时,就不能再使用了。

    A. 5   B. 6

    C. 10

28. 缆绳的破断强度是指缆绳逐渐受力,直至将其拉断时所需的最大负荷。

    A. 对   B. 错

29. 缆绳的_____是指缆绳在安全范围内所能承受的拉力,是缆绳经常使用的强度。

    A. 破断强度   B. 安全强度

    C. 试验强度

30. 缆绳安全系数一般取_____。

    A. 6   B. 8

    C. 10

31. 钢丝绳插接后,强度一般降低_____左右。

    A. 10%   B. 30%

    C. 50%

32. 生锈的钢丝绳,强度降低约_____。

    A. 10%   B. 30%

    C. 50%

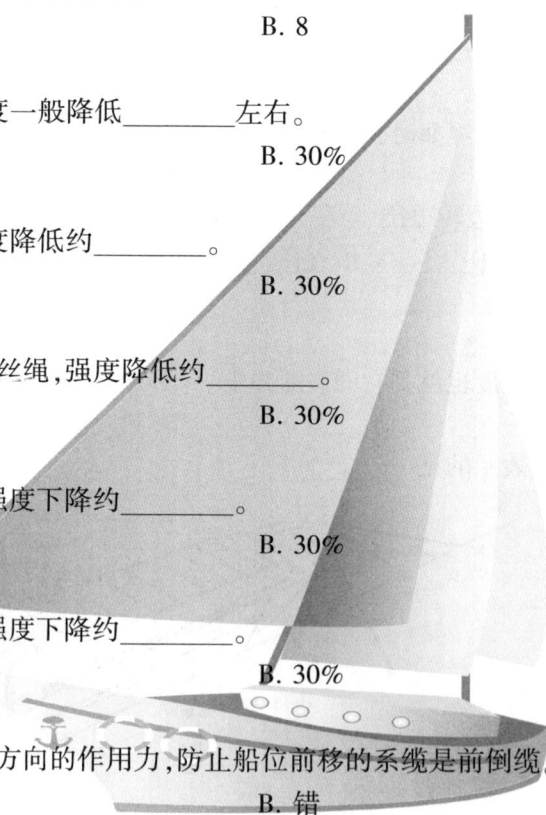

33. 过度拉伸受伤的钢丝绳,强度降低约_____。

    A. 10%   B. 30%

    C. 50%

34. 受潮后的白棕绳,强度下降约_____。

    A. 5%~10%   B. 30%

    C. 45%

35. 受潮后的化纤缆,强度下降约_____。

    A. 5%~10%   B. 30%

    C. 45%

36. 主要承受来自船尾方向的作用力,防止船位前移的系缆是前倒缆。

    A. 对   B. 错

37. 下列关于植物纤维绳保管的方法,不正确的是_____。

    A. 受潮的绳索,应晾干后收存

    B. 在甲板上的绳索,应用帆布罩盖好,防止雨淋或暴晒

C. 在物料间内的绳索,应堆放在地面上

38. 钢丝绳使用和保管方法中不正确的是_____。

    A. 使用中不可有扭结或急折

    B. 吊重物时切忌急顿

    C. 为防止钢丝绳锈蚀,一律在钢丝绳表面涂刷油漆

39. 如果船用钢丝绳在_____倍直径长度内有超过 5% 的断丝,就不得继续使用。

    A. 5　　　　　　　　　　　　　　　B. 10

    C. 15

40. 开启小规格的新绳,为防止扭结,将外面绳头朝上,从下面抽出里面的绳头。

    A. 对　　　　　　　　　　　　　　B. 错

41. 作业后存放白棕绳时最好挂起来,在盘放时,右搓绳最好逆时针盘放。

    A. 对　　　　　　　　　　　　　　B. 错

42. 船首缆绳,在长航次开始后,为避免风浪袭击下海,应按规定放于舱外。

    A. 对　　　　　　　　　　　　　　B. 错

43. 切断钢丝绳前,必须在切断处两端留出约 20 cm 的长度,并各用油麻绳或细铁丝扎紧,防止切断钢丝绳后松散。

    A. 对　　　　　　　　　　　　　　B. 错

44. 每航次对吊货钢丝绳的维修保养内容有检查钢丝断丝情况、磨损及腐蚀情况,以及及时调换、刷钢丝油。

    A. 对　　　　　　　　　　　　　　B. 错

45. 船舶带缆盘放在甲板时,右搓绳应_____。

    ①逆时针方向盘放;②顺时针方向盘放;③先顺时针,后逆时针方向盘放

    A. ①　　　　　　　　　　　　　　B. ②

    C. ③

46. 打开新植物纤维绳捆时,小规格的绳捆应自捆_____的绳头拉出。

    A. 外　　　　　　　　　　　　　　B. 内

    C. 将其吊起后边转边拉

47. 缆绳的使用强度也就是它的破断强度。

    A. 对　　　　　　　　　　　　　　B. 错

48. 缆绳的_____是指缆绳逐渐受力,直至将其拉断时所需的最大负荷。

    A. 破断强度　　　　　　　　　　　B. 安全强度

    C. 试验强度

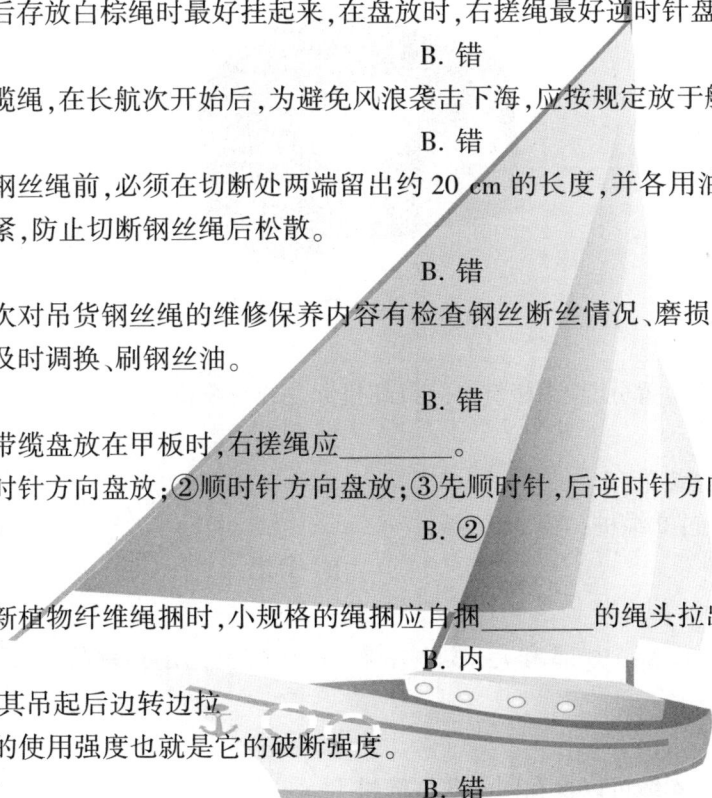

49. 在船头或船尾,由一舷送出,穿过浮筒环后再从另一舷拉回船上系牢。这种缆称为_____。

    A. 单头缆   B. 回头缆

    C. 倒缆

50. 按卷筒轴线位置分,绞缆机有_____。

    A. 卧式绞缆机和立式绞缆机   B. 立式绞缆机和斜式绞缆机

    C. 蒸汽绞缆机和电动绞缆机

51. 不属于系泊设备的是_____。

    A. 系船缆、导缆装置   B. 绞缆机械、卷缆车及属具

    C. 锚、锚链

52. 下图所示为嵌在舷墙上或固定在甲板上的闭式孔状_____。

    A. 导缆孔   B. 导缆钳

    C. 导向滚轮

53. 按卷筒轴线位置分,绞缆机有卧式绞缆机和立式绞缆机。

    A. 对   B. 错

54. 系缆的固定装置有_____。

    ①导缆装置;②缆桩;③绞缆机械

    A. ②③   B. ①②

    C. ①②③

55. 固定在船首部、中部和尾部的左右舷甲板上,用于系挽缆绳的桩柱叫_____。

    A. 绞缆机   B. 缆桩

56. 化纤缆和钢丝缆可以挽在同一双柱缆桩上。

    A. 对   B. 错

57. 主要承受来自船尾方向的作用力,防止船位前移的系缆是_____。

    A. 首缆   B. 后倒缆

C. 前倒缆

58. 关于挡鼠板的安放,下列说法错误的是_____。

   A. 船靠妥码头后,应该对较短的横缆上放妥挡鼠板,以防止鼠类动物沿较短的横缆爬上或爬下船舶

   B. 打开挡鼠板的下部,提起细绳将挡鼠板安放在船舷外的系船缆上,关闭挡鼠板的下部

   C. 最后将细绳的上端在船舶的栏杆上系牢

59. 船舶系靠码头时,为了防止鼠类沿着缆绳上下,系缆带好后要挂上挡鼠板。

   A. 对　　　　　　　　　　　B. 错

60. 松缆绳时,可用脚踏缆绳来控制松放速度。

   A. 对　　　　　　　　　　　B. 错

61. 船舶受涨、落潮水或装卸货的影响,将会使带缆松弛或张紧,必须经常检查,及时调整缆绳受力,避免发生断缆事故和船位偏荡。

   A. 对　　　　　　　　　　　B. 错

62. 系离浮筒操作时,船尾收绞缆速度要快,以免影响动车,要防止缆绳绞缠螺旋桨。

   A. 对　　　　　　　　　　　B. 错

63. 绞缆时,持缆水手不要太靠近卷筒,应站在卷筒后方面向卷筒,兼顾身后缆绳是否顺直。

   A. 对　　　　　　　　　　　B. 错

64. 船舶靠码头后,每一根系船缆的舷外一侧应系挂_____。

   A. 制索绳　　　　　　　　B. 橡皮垫

   C. 挡鼠板

65. 船舶靠码头,若需向前移泊,应同时_____。

   A. 绞首缆和尾缆　　　　　B. 绞首倒缆和尾倒缆

   C. 绞首缆和尾倒缆

66. 船舶抵达装卸货港口,值班水手应在_____或_____的领导下,及时做好靠泊准备和装卸货准备工作。

   A. 船长;水手长　　　　　B. 大副;水手长

   C. 值班驾驶员;水手长

67. 下列系解缆绳操作中,不安全的做法是_____。

   A. 撇缆前,先大声打招呼提醒周围和岸上人员

   B. 当解脱拖缆时,动作应迅速。

C. 收缆时,当缆绳尾端接近和通过导缆孔时,应快速绞进缆绳。

68. 绞缆时,需由操作人员迅速将缆绳由下向上缠绕在绞缆机滚筒上。

    A. 对   B. 错

69. 下列关于系解缆操作,不正确的是_____。

    A. 工作人员应穿工作服、戴安全帽和手套

    B. 在撇缆前要先打招呼,以免撇缆头击伤人

    C. 为避免上桩时缆绳松弛,可将缆绳挽在卷筒上

70. 一般情况下,首、尾单绑是指船首留一根头缆,船尾留一根尾缆。

    A. 对   B. 错

71. 船舶系靠浮筒时,一般是先带_____。

    A. 船首单头各缆   B. 船尾单头缆绳

    C. 船首带回头缆

72. 船舶在港内系泊,风力加大且船身被风吹开时,有效的做法是_____。

    A. 增带头缆和尾缆   B. 增带尾倒缆和首倒缆

    C. 增带前后横缆

73. 绞缆操作中,化纤缆应在绞缆机的卷筒上绕_____圈,以便于绞收。

    A. 1~2   B. 2~3

    C. 3~4

74. 通常情况下,化纤缆在双柱缆桩上采用_____挽桩法,且至少挽_____道。

    A. 环绕;3~4   B. "8"字形;2~3

    C. "8"字形;3~4

75. 单绑(single up)是指将一些不影响操纵的缆绳解掉收回,而将操纵需要和易于解脱的缆绳留下,一般只留_____。

    A. 首缆和前倒缆、尾缆或后倒缆各留一根

    B. 首缆和前倒缆、尾缆或后倒缆各留两根

    C. 只留首缆和尾缆

76. 挽双柱缆柱时,缆绳应绕过前面一根缆绳,然后再"8"字挽牢,使两根桩均衡受力。

    A. 对   B. 错

77. 船舶系靠浮筒,一般是_____。

    A. 先带船首单头缆,次带船尾单头缆绳,再去船首带回头缆,最后带船尾回头缆

    B. 先带船尾单头缆,次带船首单头缆绳,再去船首带回头缆,最后带船尾回

中华人民共和国海船船员培训大纲熟悉训练资源

头缆

   C. 先带船首单头缆,次带船尾单头缆绳,再去船尾带回头缆,最后带船首回
头缆

78. 船舶靠码头,缆绳在下列哪种情况下拉紧时,值班人员应松缆绳?
   A. 卸货和涨潮   B. 舷梯与岸边间距离增大
   C. 装货和平潮

79. 绞缆过程中、如果绞缆机受力很大绞不动时,应_____。
   A. 硬绞
   B. 突然增大率
   C. 稍停片刻,待船身向码头移动,缆绳有所松缓时再绞

80. 带缆作业的安全注意事项有_____。
   ①工作人员应戴安全帽、皮手套,穿工作服、工作鞋,衣服的袖口应扣紧;②绞
缆时,应服从指挥,不能硬绞或突然加大功率;③挽缆时,紧握缆绳的双手应始
终处于缆桩的外侧,以防夹手;④严禁站在绳圈中或骑跨缆绳
   A. ①②   B. ①②③
   C. ①②③④

81. 带缆前的准备工作主要有_____。
   ①缆绳的准备;②绞缆机械的准备;③撇缆绳的准备;④制索绳的准备
   A. ①②   B. ①②③
   C. ①②③④

82. 化纤缆在挽桩时,应在缆桩上绕"8"字形至少_____道。
   A. 2   B. 3
   C. 4

83. 关于"单绑"的解释,不正确是_____。
   A. 它是用于船舶离泊时的解缆口令
   B. 解缆时,应将操纵需要和易于解脱的缆绳留下
   C. 其含义是船首、尾各留一根缆绳

第二节 抛锚

1. 卸扣的销眼和销子的螺纹使用时应注意经常加油润滑,使其不易生锈,保持
活络。
   A. 对   B. 错

2. 用手锤敲击每个锚链链环,听声音是否清脆,这是属于_____。

    A. 磨损检查   B. 裂纹检查

    C. 变形检查

3. 起锚时,下列哪个情况不属于锚离底的正常现象?

    A. 锚机负荷时大时小

    B. 锚机负荷达到最大,然后突然减小

    C. 锚链向船边荡来,然后处于垂直状态

4. 下列哪项属锚设备的平时检查养护内容?

    A. 及时补做锚链标志   B. 锚爪、锚干有晃动时,应更换

    C. 锚链筒腐蚀和磨损严重应焊补磨光

5. 锚设备的定期检查保养至少每_____一次。

    A. 三个月   B. 半年

    C. 一年

6. 锚离底,应敲乱钟报告,同时降下锚球或关闭锚灯。

    A. 对   B. 错

7. 关于锚设备的定期检查,下列说法不正确的是_____。

    A. 锚设备的定期检查保养至少每半年一次

    B. 锚的失重超过原锚重的10%时,应更新

    C. 各传动齿轮轮齿的磨损不应超过原来厚度的10%

8. 在抛锚作业前备锚先将链轮的刹车刹牢,使锚吃力在刹车带上,其目的是检查刹车是否有效。

    A. 对   B. 错

9. 抛锚时,锚到底后应该立即显示锚球或锚灯。

    A. 对   B. 错

10. 起锚操作中,锚即将离底时,锚机绞进速度应加快。

    A. 对   B. 错

11. 下列哪一项可判断锚离底?

    ①锚机负荷突然降低;②锚机转速由慢变快;③链突然向船边游荡几下

    A. ②   B. ③

    C. ①②③

12. 下列哪种情况表明锚已抓牢?

    A. 锚链向前拉紧,平稳而有节奏地在水面上下抬动,然后略有松弛

    B. 锚链拉直后,在水面不断抖动,且并无松弛现象

C. 锚链垂直且不太吃力

13. 抛锚松链时应_____松至所需链长。

　　A. 一次性　　　　　　　　　　　B. 分多次

　　C. 快速

14. 锚离底,同时降下锚球或关闭锚灯。

　　A. 对　　　　　　　　　　　　　B. 错

15. 抛锚后,根据哪个情况判断锚已抓牢?

　　A. 锚链向前拉紧,平稳而有节奏地一松一紧

　　B. 锚链向后拉紧,有抖动,无松弛现象

　　C. 锚链向前拉直,有抖动,无松弛现象

参考答案

第一节　靠、离泊和拖带作业

1. A	2. C	3. B	4. A	5. B	6. A	7. B	8. B	9. A	10. A
11. A	12. A	13. B	14. C	15. A	16. A	17. A	18. A	19. A	20. A
21. A	22. B	23. A	24. C	25. B	26. B	27. B	28. A	29. B	30. A
31. A	32. B	33. C	34. C	35. B	36. A	37. C	38. C	39. B	40. B
41. B	42. B	43. B	44. A	45. B	46. A	47. B	48. A	49. B	50. A
51. C	52. A	53. A	54. B	55. B	56. B	57. C	58. A	59. A	60. B
61. A	62. A	63. A	64. C	65. C	66. C	67. C	68. B	69. C	70. B
71. A	72. C	73. C	74. C	75. A	76. B	77. A	78. B	79. C	80. C
81. C	82. C	83. C							

第二节　抛锚

1. A	2. B	3. A	4. A	5. B	6. A	7. B	8. B	9. A	10. B
11. C	12. A	13. B	14. A	15. A					

第六章

货物和物料的装卸

第一节 危险货物

1. 以下菱形标志分别表示哪一类危险货物？

    A. 爆炸品、易燃液体、有毒物品、放射性物质

    B. 易燃固体、易燃液体、放射性物质、有毒物品

    C. 爆炸品、易自燃物质、有毒物品、有机过氧化物

2. 装有危险货物的集装箱，按国际危规或水路危规的规定，必须_____。

    A. 在箱内货物和集装箱上都粘贴危险货物标志

    B. 在箱内货物和集装箱上都粘贴危险货物标牌

    C. 箱内货物粘贴危险货物标志，而集装箱上粘贴危险货物标牌

3. 某货物粘贴有下图所示的菱形图案标志，下列说法正确的是_____。

    A. 接触、保管该货物主要注意吸入危险

    B. 接触、保管该货物主要是防辐射

    C. 接触、保管该货物主要是防感染

4. 木材货垛应尽可能密实和紧凑,船上木材一般应_____。
①横向堆放;②纵向堆放;③原木粗端应首尾向交替放置;④木材较长者应装在舱的前、后区域,若纵向长度间有空当,应填塞横向积载的原木
A. ①②③
B. ②③④
C. ①③④

5. 油船装卸油前,连接船-岸(船)输油软管时,应_____。
A. 先接妥地线后,再安装软管
B. 先接妥软管后,再安装地线
C. 先拆地线,后拆软管

6. 油船装卸油前,应接好应急缆(应急脱离缆),一般_____。
A. 在里舷首、尾部各带一根,端部距水面始终保持 1 m 高度
B. 在船中部内、外档各带一根,端部距水面始终保持 1 m 高度
C. 在外舷首、尾部各带一根,端部距水面始终保持 1 m 高度

7. 煤炭装运时应注意_____。
①不允许任何人在货区或毗邻货舱内吸烟和使用明火;②装货后应将货物表面整平至舱壁;③开启舱盖前,应先将积存的气体排出;④货煤装完后立即关舱,并用封舱胶带密封舱口盖板
A. ①②③
B. ②③④
C. ①②③④

8. 装卸油前,连接船-岸(船)输油软管时,要先接妥_____再安装软管。
A. 地线
B. 电话线
C. 油管

9. 用于普通易损坏货物的标志和用于表明危险货物特性的警戒标志称为_____。
A. 主标志
B. 注意标志
C. 原产国标志

10. 装卸搬运易燃、易爆品,一级易燃品,一级氧化剂时错误的做法_____。
A. 参加作业的人员不穿钉鞋,不得踩踏化学危险物品及其包装(指爆炸品)
B. 可以使用铁轮车等无防爆装置的搬运工具,可以滚动桶装易燃、化学品
C. 应根据天气情况确定作业时间(一般选择早晚低温时间进行作业)

11. 装卸爆炸品和一级易燃液体过程中正确的做法?
A. 可以进行除锈作业
B. 不得使用易产生火花的机具和物品
C. 可以检修和使用雷达、发报机、VHF 通信设备

12. 装卸爆炸品和一级易燃液体过程中,下列说法正确的是_____。

A. 不得检修和使用易产生火花的机具和物品,但可进行除锈作业

B. 标志不清、包装破损和渗漏包件应优先装船

C. 遇雷鸣、闪电天气或附近发生火灾,应立即关舱,停止装卸

13. 装卸危险货物时什么情况下应立即关舱,停止装卸,并将危险货物妥善处理?

    A. 晚间

    B. 大风天

    C. 遇雷鸣、闪电天气或附近发生火灾时

14. 关于危险货物的装卸,下列说法正确的是_____。

    A. 危险货物应先装后卸

    B. 装卸有机过氧化物和放射性物品时,装卸机具应按额定负荷降低 15%

    C. 装卸爆炸品和一级毒品时,装卸机具应按额定负荷降低 25%

15. 根据装卸的危险货物的应急措施表和医疗急救指南要求,船上要准备何种设备和物料?

    A. 备妥合适的消防器材和相应的急救药品,并置于固定、关键处所

    B. 备妥合适的求生器材和相应的急救药品,并置于固定、关键处所

    C. 备妥合适的堵漏器材和相应的急救药品,并置于固定、关键处所

第二节　积载程序和安排物料上船

1. 下列哪些货物属于散装货物?

    A. 水泥、粮食、棉花　　　　　　B. 蜂蜜、煤炭、樟脑、花生

    C. 矿石、煤炭、茶叶

2. 下列哪一项货物属于液体货物?

    A. 石油、烟叶、鱼粉、樟脑　　　B. 石油产品、动植物油、液化天然气

    C. 蜂蜜、煤炭、骨粉、花生

3. 下列哪一项货物属于贵重货物?

    A. 石油产品、动植物油、煤炭　　B. 蜂蜜、文物、樟脑、花生

    C. 文物、精密仪器、艺术品

4. 按货物特性及运输要求划分,气味货物、扬尘污染货、冷藏货、清洁货、易碎货、潮湿货、吸湿货属于特殊货物。

    A. 对　　　　　　　　　　　　　B. 错

5. 海运货物按货物特性及运输要求,可划分为_____。

    A. 危险货物、气味货物、一般货物　B. 一般货物、特殊货物、危险货物

    C. 一般货物、冷藏货物、危险货物

6. 下列哪些货物属于散装货物？
   A. 水泥、茶叶、棉花　　　　　　　　B. 蜂蜜、煤炭、樟脑、花生
   C. 矿石、煤炭、粮食

7. 下列哪一项货物属于液体货物？
   A. 石油、烟叶、鱼粉、骨粉　　　　　B. 石油产品、动植物油、液化天然气
   C. 蜂蜜、煤炭、樟脑、花生

8. 下列哪一项货物属于贵重货物？
   A. 石油产品,动、植物油,酒　　　　　B. 蜂蜜、煤炭、樟脑、花生
   C. 文物、精密仪器、艺术品

9. 按货物特性及运输要求划分,气味货物、扬尘污染货、冷藏货、清洁货、易碎货、潮湿货物、吸湿货属于_____。
   A. 危险货物　　　　　　　　　　　　B. 特殊货物
   C. 一般货物

10. 海运货物按货物特性及运输要求,可划分为_____。
    A. 危险货物、气味货物、易碎货物　　B. 一般货物、特殊货物、危险货物
    C. 一般货物、冷藏货物、危险货物

11. _____图案形象,色彩醒目,以期引起人们的足够重视。
    A. 主标志　　　　　　　　　　　　　B. 指示标志
    C. 危险货物标志

12. _____是指根据货物的性质,为便于货物的运输保管和装卸而给货物设置的容器、包皮或外壳的统称。
    A. 货物包装　　　　　　　　　　　　B. 指示标志
    C. 危险货物标志

13. 货物包装的目的在于_____。
    ①保持货物本身的质量和数量上的完整;②便于装卸、搬运、堆垛和理货工作;③对于某些危险品还有防止其危害的防护作用
    A. ①　　　　　　　　　　　　　　　B. ①②
    C. ①②③

14. 货物包装是指根据货物的性质,为便于货物的运输保管和装卸而给货物设置的容器、包皮或外壳的统称。
    A. 对　　　　　　　　　　　　　　　B. 错

15. 关于货物包装的目的,下述叙述中错误的是_____。
    A. 保持货物本身的质量和数量上的完整
    B. 便于装卸、搬运、堆垛和理货工作

C. 为了美观和提高货物价格

16. 主要用来防止货物因碰撞、挤压或跌落而受损以及防止货物的散落的包装是_____。

    A. 外包装   B. 内包装

    C. 商品包装

17. 对下列 3 种注意标志的，辨认，错误的是_____。

图1   图2   图3

    A. 图 1 表示易碎物品   B. 图 2 表示禁用吊起

    C. 图 3 表示向上

18. 远洋运输中使用的货物标志一般包括_____。

    A. 主标志、副标志、指示标志、危险货物标志

    B. 主标志、装载标志、指示标志、危险货物标志

    C. 主标志、副标志、开启标志、危险货物标志。

19. 此包装储运图示标志的含义是_____

    A. 由此吊起   B. 重心点

    C. 禁止滚动

20. 货物的注意标志分为两种,分别是指示标志和保管标志。

    A. 对   B. 错

21. 主标志是货主的代号,通常用简单的图案配以文字来表示,其内容有收货人名称的代号或缩写、贸易合同编号、合约号、订单号或信用证编号等。

水手

A. 对　　　　　　　　　　　　B. 错

22. _____图案形象,色彩醒目,以期引起人们的足够重视。

A. 主标志　　　　　　　　　　B. 危险货物标志

C. 指示标志

23. 副标志用于标志货物在装卸作业、储存、运输、开启过程中应遵循的注意事项,通常用特殊记号、图形、文字表示。

A. 对　　　　　　　　　　　　B. 错

24. 对下列 3 种注意标志的辨认,错误的是_____。

图1　　　　　　　图2　　　　　　　图3

A. 图 3 表示向上　　　　　　　B. 图 2 表示禁用吊起

C. 图 1 表示易碎物品

25. 此包装储运图示标志的含义是_____。

A. 重心点　　　　　　　　　　B. 由此吊起

C. 禁止滚动

26. 主标志用于表明货物的重量、尺码、目的地以及区分同一批货物中的几个小批或不同的品质、等级、规格等。

A. 对　　　　　　　　　　　　B. 错

27. 货物标志中,_____是用于表明货物的重量、尺码、目的地等内容。

A. 主标志　　　　　　　　　　B. 副标志

C. 指示标志

28. 货物主标志的内容包括货件重量和尺码等。

    A. 正确　　　　　　　　　　　　　　B. 错误

29. 根据货物的装载要求正确选定各类货物的舱位,如贵重货应置于贵重舱,危险货应远离机舱、驾驶台及船员住舱,重大件应置于重吊所及的大舱等。

    A. 对　　　　　　　　　　　　　　　B. 错

30. 货物积载的基本原则之一是提高船舶营运经济效益。

    A. 对　　　　　　　　　　　　　　　B. 错

31. 捆装货物的堆码有_____。

    ①捆包货物堆码;②捆扎货物的堆码;③裸装货物的堆码;④捆卷、捆筒货物的堆码;⑤桶装货物的堆码;⑥特殊包装货物的堆码

    A. ①②③　　　　　　　　　　　　　B. ①②③④

    C. ①②③④⑤⑥

32. 袋装货物堆装中上层货件横向压在下层货件纵向接缝处,属于_____。

    A. 垂直堆码　　　　　　　　　　　　B. 压缝堆码

    C. 纵横压缝堆码

33. 袋装货物堆装中袋口朝一个方向直上直下的堆码,属于_____。

    A. 垂直堆码　　　　　　　　　　　　B. 压缝堆码

    C. 纵横压缝堆码

34. 在袋装货物堆装中,上层货件压在下层货件接缝处的堆码,属于_____。

    A. 垂直堆码　　　　　　　　　　　　B. 压缝堆码

    C. 纵横压缝堆码

35. 在装货时,需要隔票,应该通知船长现场查看。

    A. 对　　　　　　　　　　　　　　　B. 错

36. 两票同种箱装货物间用桶装货堆装中间进行隔票的方法属于_____。

    A. 自然隔票　　　　　　　　　　　　B. 用专用隔票材料隔票

    C. 用专用隔票用具隔票

37. 载重水线以上的舷壁和甲板下面、舱口附近、通风筒下面产生"汗水"较多,应多铺几层衬垫材料。

    A. 对　　　　　　　　　　　　　　　B. 错

38. 棉花及棉织品等捆包货不怕挤压,可以在各舱室任意堆码,一般宜堆放在形状不规则的首尾舱室,但应注意衬隔,以防汗湿和污染。

    A. 对　　　　　　　　　　　　　　　B. 错

39. 箱装货物的堆码方法错误的是_____。

    A. 大型箱装货物最好配于形状规整的中间货舱,底部要求平整稳固

　　B. 包装弱、重量轻的箱装货,宜采用压缝码垛

　　C. 每层货物上方必须铺垫一层木板,以使下层货箱受力均匀,避免压损

40. 衬垫的作用是防止货物水湿、撒漏、污染、振动、撞击、受压损和移动及防止甲板的局部强度遭受破坏等。

　　A. 对　　　　　　　　　　　　　　B. 错

41. 捆卷、捆筒货物易滚动,为防止船舶横摇危及船舶安全,其滚动方向应沿船舶首尾方向堆放,并前后固定塞紧。

　　A. 对　　　　　　　　　　　　　　B. 错

42. 下图所示的袋装货物的堆装方法为_____。

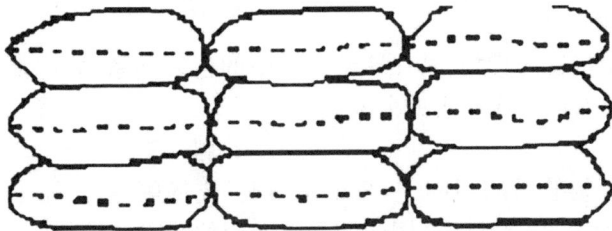

　　A. 压缝堆码　　　　　　　　　　　B. 垂直堆码

　　C. 纵横压缝堆码

43. 关于袋装大米的衬垫要求,正确的是_____。

　　A. 防火、防湿　　　　　　　　　　B. 通风、防火

　　C. 通风、防湿

44. 危险物为了防止撞击产生火花,有时每层之间也要求衬垫防振材料。

　　A. 对　　　　　　　　　　　　　　B. 错

45. 船舶只要装运同一类货物,就不必要隔票。

　　A. 对　　　　　　　　　　　　　　B. 错

46. 下列哪一个不是衬垫的作用?

　　A. 防止货物水湿、撒漏、污染、振动、撞击、受压和移动

　　B. 防止甲板的局部强度遭受破坏

　　C. 避免造成货舱内的舱容损失

47. 为便于通风,防止货物水湿、振动的一般采用衬垫材料是_____。

　　A. 木板　　　　　　　　　　　　　B. 帆布

　　C. 方木

48. 下列哪些不能用作隔票材料?

　　A. 帆布、隔票网、绳索　　　　　　B. 油漆、标志笔

　　C. 木板、钢管

49. 运输钢材时最好使用哪一材料进行隔票?

    A. 草席　　　　　　　　　　　　B. 油漆

    C. 帆布

50. 袋装货物的_____的特点是操作方便,利于通风,适合于长途运输和要求通风良好的货物。

    A. 垂直堆码　　　　　　　　　　B. 压缝堆码

    C. 纵横压缝堆码

51. 袋装货物的堆装方法中哪种方法最利于通风,适合于长途货物运输?

    A. 垂直堆码　　　　　　　　　　B. 压缝堆码

    C. 纵横压缝堆码

52. 以货物单元装运的货物,其在装载器具中的包装和系固,应能防止在整个航程中对船舶和人员造成损害或危险。

    A. 对　　　　　　　　　　　　　B. 错

53. 普通件杂货装舱后的系固,一般采用填塞、支撑等方法,不必使用专用的系固属具;而单件较大货件的系固必须采用专用的系固属具。

    A. 对　　　　　　　　　　　　　B. 错

54. 下列哪一个属于船舶固定式系固设备?

    A. 眼板、地令　　　　　　　　　B. 桥锁

    C. 卸扣

55. 关于货物单元的系固绑扎选用的索具,下列说法不正确是_____。

    A. 绑扎中小型车辆,应选用车辆绑扎链、带、绳

    B. 钢丝绳只用于大件货物绑扎

    C. 卸扣和松紧螺旋扣用于连接绑索和甲板上眼环,收紧绑索等

56. 下列有关系固单元的系固要求的说法正确的是_____。

    A. 为提高系固效果,应选取适当的系固角,一般应取 15°~30°

    B. 当货件上无系固点需在一侧固定时,系索可一索系多道

    C. 每个生根的地令上不能超过三根系索,且方向不能相同

57. 在装卸货期间应随时检查货物的堆装、衬垫和隔票情况;如发现和配积载计划的要求不一致,应立即制止。

    A. 对　　　　　　　　　　　　　B. 错

58. 系固货物时,为提高系固效果,应选取适当的系固角,其一般应_____。

    A. 尽可能接近 0°　　　　　　　B. 尽可能接近 90°

    C. 取 30°~60°

59. 与船舶物料交付有关的保安措施不包括_____。

A. 防止船舶物料未经检查而被接受　　　B. 检查船舶物料和包装的完整性

C. 检查物料申请单的审批手续

60. 船上要设专人保管物料并建立物料册,对所有物料进行清点登记。

A. 对　　　　　　　　　　　　　　B. 错

61. 船舶物料要妥善存放,做好必要的衬垫、绑扎工作,防止翻倒、振动、碰撞。

A. 对　　　　　　　　　　　　　　B. 错

62. 船舶物料保管方法不当的是_____。

A. 物料存放架(柜)要悬挂标识牌

B. 不同种类的物品不能混放

C. 建立进出库账册,每月对物料进出库情况进行统计记录

参考答案

第一节　危险货物

1. A　　2. C　　3. A　　4. B　　5. A　　6. C　　7. C　　8. A　　9. B　　10. B

11. B　　12. C　　13. C　　14. C　　15. A

第二节　积载程序和安排物料上船

1. C　　2. B　　3. C　　4. A　　5. B　　6. C　　7. B　　8. C　　9. B　　10. B

11. C　　12. A　　13. C　　14. A　　15. C　　16. A　　17. B　　18. A　　19. C　　20. B

21. A　　22. B　　23. B　　24. B　　25. C　　26. B　　27. B　　28. B　　29. A　　30. A

31. C　　32. C　　33. A　　34. B　　35. B　　36. A　　37. B　　38. A　　39. B　　40. A

41. A　　42. B　　43. C　　44. A　　45. B　　46. C　　47. A　　48. B　　49. C　　50. A

51. A　　52. A　　53. A　　54. A　　55. B　　56. C　　57. A　　58. C　　59. C　　60. A

61. A　　62. C

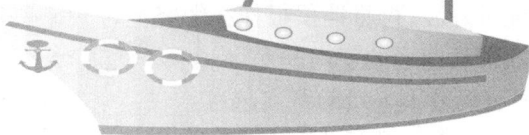

第七章

甲板设备和机械

第一节 引航员软梯、舷梯

1. 系浮筒时和靠码头时放舷梯何时装上安全网合适？
   A. 系浮筒时,往下放舷梯前先将安全网系妥;靠码头时,梯子放妥后再装上安全网
   B. 都应在往下放舷梯前先将安全网系妥
   C. 都应在舷梯放妥后再装上安全网

2. 船舶上物料时,可以通过提升舷梯搬运物料备品。
   A. 对   B. 错

3. 引航梯如沾有海水,应用淡水冲刷,晾干后收藏在规定的地方。
   A. 对   B. 错

4. 引航梯放下的长度不能过长,梯尾部不准卷折。
   A. 对   B. 错

5. 引航员软梯,所需爬高不小于 1.5 m,离水面高度不超过_____ m,其位置和系固应避开任何可能的船舶排水孔。
   A. 18   B. 12
   C. 9

6. 关于挡鼠板的使用,下列说法不正确的是_____。
   A. 防止鼠类通过缆绳上下船
   B. 先将缆绳带好后,再将挡鼠板挂在缆绳上
   C. 将挡鼠板挂在缆绳的船内一侧

7. 当从海平面至船舶出入口的距离超过_____ m 时,应在每一舷装设与引航梯相连的舷梯或引航员升降器。
   A. 8   B. 9
   C. 10

8. 存放引航梯的地点应尽可能保持_____。

①清洁、干燥;②通风;③能晒到太阳的地方

    A. ①②③   B. ②③

    C. ①②

9. 系浮筒时,应先将_____放妥,再把_____放妥。

    A. 安全网;舷梯   B. 舷梯;安全网

    C. 舷梯;扶手

10. 引航梯安放完毕后,负责安放人员应试验一次。

    A. 正确   B. 错误

第二节 甲板和甲板上所用工具

1. 船舶_____是为了使缆绳经过船舷通向船外时,尽量减少磨损和防止急剧弯折而增加应力。

    A. 导缆装置   B. 挡鼠板

    C. 人形孔

2. 对污水井维修保养内容有检查盖板、黄蜂窝吸水管的锈蚀及畅通情况,清除污垢及测试止回阀。

    A. 对   B. 错

3. 对甲板有油迹较重部位,应采取的清洁方法是先撒上木屑,用扫帚反复清扫;然后撒上少量消油剂冲洗干净。

    A. 对   B. 错

4. 防止引航梯受潮腐烂,应在踏板板上涂刷白漆。

    A. 对   B. 错

5. 下列哪一个部位最容易腐蚀?

    A. 船尾甲板   B. 污水井内钢板

    C. 舱内板

6. 船体保养工作主要包括船舶清洁、除锈、油漆及甲板设备的养护工作等。

    A. 对   B. 错

7. 关于冲洗甲板时的做法,下列叙述不正确的是_____。

    A. 通知机舱停车   B. 检查住舱的窗户、舷门是否关紧

    C. 检查甲板上的电源插座是否盖严

8. 船体保养工作主要包括_____等。

    A. 船舶除锈、油漆   B. 船舶清洁、船舶除锈、油漆

    C. 船舶清洁、船舶除锈、油漆、甲板设备的养护工作

9. 一般冲洗甲板顺序是_____。
 A. 由上向下,由上风到下风,由低到高,由舷内到舷外
 B. 由上向下,由上风到下风,由高到低,由舷外到舷内
 C. 由上向下,由上风到下风,由高到低,由舷内到舷外

10. 冲洗甲板前,应做好各项准备和检查工作,下列哪一项做法不正确?
 A. 检查住舱的窗户、舷门是否关闭
 B. 检查货舱的通风口,并将其打开
 C. 清除甲板上的垃圾,疏通甲板上的排水口

11. 船舶导缆装置是为了使缆绳经过船舷通向船外时,尽量减少磨损和防止急剧弯折而增加应力。
 A. 对   B. 错

12. 对污水井维修保养内容有检查盖板、黄蜂窝吸水管的锈蚀及畅通情况,清除污垢及测试止回阀。
 A. 对   B. 错

13. 对甲板有油迹较重部位,应采取的清洁方法是先撒上木屑,用扫帚反复清扫;然后,撒上少量消油剂冲洗干净。
 A. 对   B. 错

14. 用水清洗船舶工作顺序一般是由上而下,由上风到下风,由高到低,由舷内到舷外。
 A. 对   B. 错

15. 高空作业一般是指高于工作基面3米以上的悬空作业。
 A. 对   B. 错

16. 防止引航梯受潮腐烂,应在踏板上涂刷_____。
 A. 红漆   B. 白漆
 C. 黄漆

17. 船尾甲板比污水井内钢板最容易腐蚀。
 A. 对   B. 错

18. 船体保养工作主要包括_____工作等。
 A. 船舶清洁、除锈、油漆   B. 甲板设备的养护
 C. 以上皆是

19. 冲洗甲板时,应检查住舱的窗户、舷门是否关紧。
 A. 对   B. 错

20. 在冲洗甲板前,首先检查_____,然后才能进行冲洗。
 ①舱盖是否封闭水密;②住舱的窗户、舷门是否关紧;③甲板货是否封闭盖好;

④排水孔是否畅通

　　A. ①②③　　　　　　　　　　　　B. ①②③④

　　C. ②③④

21. 船体保养工作主要包括船舶清洁、船舶除锈、油漆、甲板设备的养护工作等。

　　A. 对　　　　　　　　　　　　　　B. 错

22. 一般冲洗甲板顺序是_____。

　　A. 由上向下,由上风到下风,由低到高,由舷外到舷内

　　B. 由上向下,由上风到下风,由高到低,由舷外到舷内

　　C. 由上向下,由上风到下风,由高到低,由舷内到舷外

23. 冲洗甲板前,应做好各项准备和检查工作,下列哪一项做法不正确?

　　A. 清除甲板上的垃圾,疏通甲板上的排水口

　　B. 检查货舱的通风口,并将其打开

　　C. 检查住舱的窗户、舷门是否关闭

24. 集装箱船清洗甲板时,一般使用淡水。

　　A. 对　　　　　　　　　　　　　　B. 错

25. 冲洗甲板时,一般由两个人负责水龙,其中一人持水枪在前控制水柱方向,另一人在后协助移动水带。

　　A. 对　　　　　　　　　　　　　　B. 错

26. 船上常用钩子的规格大小,量取其_____。

　　A. 钩背的直径　　　　　　　　　　B. 钩口的大小

　　C. 钩把的直径

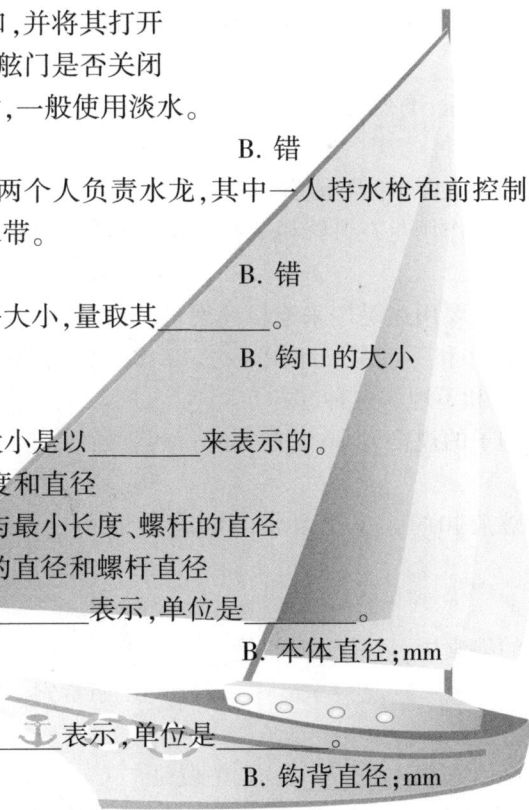

27. 船用松紧螺旋扣的大小是以_____来表示的。

　　A. 螺旋扣的螺杆长度和直径

　　B. 整个螺旋扣最大与最小长度、螺杆的直径

　　C. 连接螺杆的卸扣的直径和螺杆直径

28. 卸扣的大小以它的_____表示,单位是_____。

　　A. 横销直径;mm　　　　　　　　　B. 本体直径;mm

　　C. 横销长度;cm

29. 钩的大小以它的_____表示,单位是_____。

　　A. 钩尖直径;mm　　　　　　　　　B. 钩背直径;mm

　　C. 钩头直径;mm

30. 铁滑车的大小是以直径表示,单位是 mm,其直径是_____。

　　A. 滑轮轴的直径　　　　　　　　　B. 挂滑轮的卸扣的直径

　　C. 滑轮索槽底的直径

31. 卸扣的大小要量其本体的直径。

    A. 对   B. 错

32. 使用紧索夹时,必须将钢丝绳的主干部分(长端)放在夹座一面,钢丝绳的短端压在"U"形圆头的下面以使绳端部分压紧防止滑脱。

    A. 对   B. 错

33. 开口滑车用来引导绳索改变拉力_____,而无须用绳头穿引。

    A. 大小   B. 作用点

    C. 方向

34. 开口滑车为_____的铁滑车或木滑车。

    A. 单饼   B. 双饼

    C. 多饼

35. 铁滑车的大小规格是以滑轮的直径来表示的。

    A. 对   B. 错

36. 关于滑车的用途,下列说法错误的是_____。

    A. 改变力的方向   B. 省力

    C. 只能改变力的方向,不能省力

37. 千斤索的主要作用是在升降机的控制下调整吊杆的吊重负荷的。

    A. 对   B. 错

38. 船上卸扣的主要用途是用来连接缆绳、锚链和索具,常用的两种是_____。

    A. 带螺纹卸扣和不带螺纹卸扣   B. 直形和圆形两种卸扣

    C. 有半埋头和不埋头两种卸扣

39. 船上常用钩子的规格大小,量取其钩背的直径。

    A. 对   B. 错

40. 船用松紧螺旋扣的大小是以整个螺旋扣最大与最小长度、螺杆的直径来表示的。

    A. 对   B. 错

41. 起货设备的绳索中,最易受损的是_____。

    A. 边稳索   B. 吊货索

    C. 千斤索

42. 卸扣的大小以它的_____表示,单位是_____。

    A. 横销长度;cm   B. 本体直径;mm

    C. 横销直径;mm

43. 钩的大小以它的_____表示,单位是_____。

    A. 钩头直径;mm   B. 钩背直径;mm

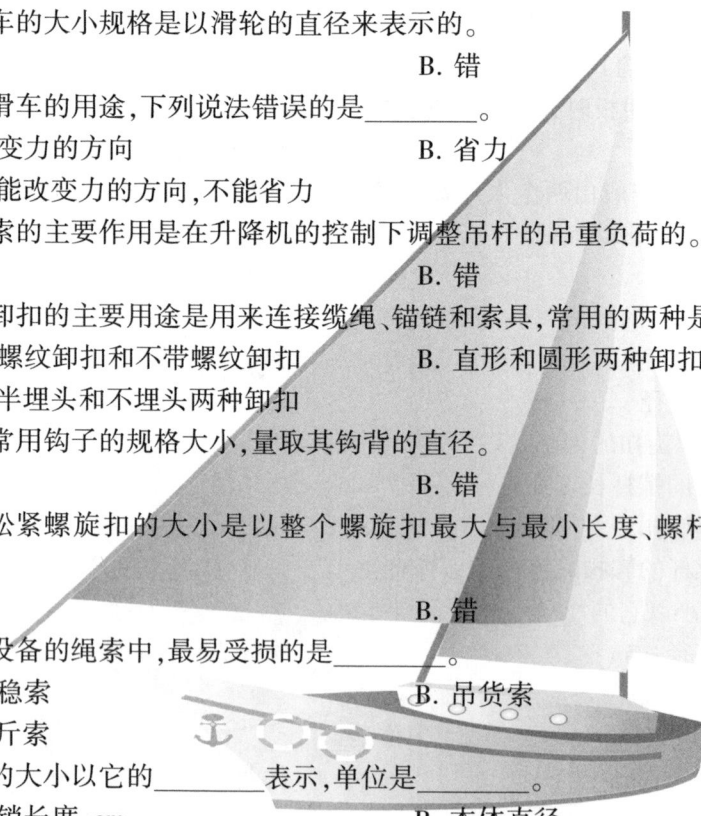

C. 钩尖直径;mm

44. 松紧螺旋扣的大小是以整个螺旋扣最大与最小长度和_____来表示。
①螺杆的周长;②两端挂头的尺度;③螺杆的直径

A. ①　　　　　　　　　　　　B. ②

C. ③

45. 上高作业系指在工作基面_____m以上的桅杆、吊柱、吊货设备等作业。

A. 3　　　　　　　　　　　　B. 4

C. 2

46. 上高或舷外作业时必须做到_____。
①系好保险带,上下运送物件禁止抛掷;②禁止一手携物一手扶直梯上下,应有专人在现场附近照顾;③拆装的零件或工具应放在专用袋或桶内

A. ②　　　　　　　　　　　　B. ③

C. ①②③

47. 卸扣的大小要量其本体的直径。

A. 对　　　　　　　　　　　　B. 错

48. 使用紧索夹时,必须将钢丝绳的主干部分(长端)放在夹座一面,钢丝绳的短端压在"U"形圆头的下面,以使绳端部分压紧防止滑脱。

A. 对　　　　　　　　　　　　B. 错

49. 铁滑车的大小是以直径表示,单位是mm,其直径是滑轮索槽底的直径。

A. 对　　　　　　　　　　　　B. 错

50. _____的强度代表滑车的强度。

A. 轴承　　　　　　　　　　　B. 挂头

C. 车壳

51. 开口滑车用来引导绳索改变拉力的方向,而无须用绳头穿引。

A. 对　　　　　　　　　　　　B. 错

52. 开口滑车为单饼的铁滑车或木滑车。

A. 对　　　　　　　　　　　　B. 错

53. _____适宜于在狭小的地方进行起重作业,但工作速度较慢且吊升高度有限。

A. 复绞辘　　　　　　　　　　B. 机械差动绞辘

C. 单绞辘

54. 铁滑车的大小规格是以滑轮的半径来表示的。

A. 对　　　　　　　　　　　　B. 错

55. 滑车的用途是只能改变力的方向,不能省力。

A. 对   B. 错

56. 船舶缆绳的规格可用缆绳的_____来表示。

 A. 直径   B. 周长

 C. 直径或周长

57. _____是用焦油浸过的麻纤维制成,吸水性降低,但纤维发脆,使弹性和强度减低,目前只用作绑扎细索。

 A. 白麻绳   B. 油麻绳

 C. 棉线绳

58. _____在船上常用作旗绳和计程仪绳,用棉纤维制成,质轻并柔软,但易吸水而腐烂。

 A. 白麻绳   B. 油麻绳

 C. 棉线绳

59. 化纤缆中的_____强度最大,其特点有耐磨,对酸碱和油类等有一定的抵抗能力,但伸长率较大,弹性大,有一定吸水性,耐气候能力较差,曝晒过久强度会下降。

 A. 尼龙绳   B. 涤纶绳

 C. 丙纶绳

60. _____是由 6 股钢丝中间夹 1 根油麻芯制成。

 A. 硬钢丝绳   B. 半硬钢丝绳

 C. 软钢丝绳

61. _____在 6 股钢丝绳中间夹 1 根油麻芯,每股钢丝中间也夹有油麻芯。

 A. 硬钢丝绳   B. 半硬钢丝绳

 C. 软钢丝绳

62. 船用钢丝缆的规格除用股数和丝数表达外,按国家标准,钢丝绳的大小是量其_____。

 A. 最大半径   B. 最大直径

 C. 周长

63. 钢丝绳每捆的长度一般为_____,也有 500 m 一捆的。

 A. 220 m   B. 250 m

 C. 300 m

64. 开启新纤维绳时,为防止扭结,打开新绳捆时,小规格的绳捆_____拉出;大捆绳_____。

 A. 应自捆内的绳头;应使用转环或转钩将其吊起后边转边拉

 B. 应使用转环或转钩将其吊起后边转边拉;应自捆内的绳头

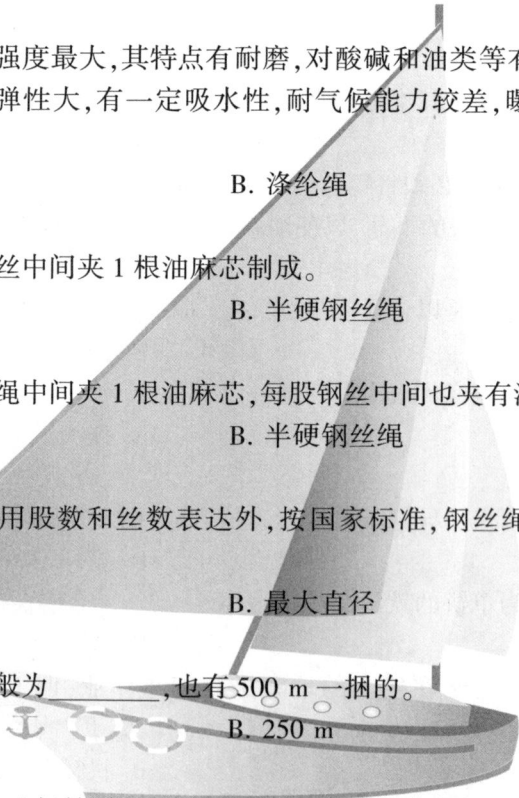

C. 应自捆外的绳头;应使用转环或转钩将其吊起后边转边拉

65. 缆绳使用时应考虑其安全负荷情况,旧绳或经过结接、插接的绳子其强度应降低到_____使用。
    A. 70%　　　　　　　　　　　　　B. 80%
    C. 90%

66. 以毫米为单位表示纤维绳的大小是量它的_____。
    A. 直径　　　　　　　　　　　　　B. 周长
    C. 半径

67. 化纤缆中强度最大的一种是_____。
    A. 尼龙绳　　　　　　　　　　　　B. 涤纶绳
    C. 乙纶绳

68. 按国家标准,钢丝绳的大小是量其_____直径。
    A. 最大　　　　　　　　　　　　　B. 最小
    C. 平均

69. 船上常用钢丝缆(6×30)的结构是_____。
    A. 由 24 小股搓成　　　　　　　　B. 每小股有 6 根钢丝
    C. 每小股中均夹有油麻绳

70. 卸扣的大小是量其_____。
    A. 开档宽度　　　　　　　　　　　B. 本体直径
    C. 横销直径

71. 夹紧卸扣的大小是量其_____。
    A. 开档宽度　　　　　　　　　　　B. 本体直径
    C. 横销直径

72. 木滑车的规格以_____来表示,单位为英寸。
    A. 轴销的直径　　　　　　　　　　B. 车壳的长度
    C. 滑轮的直径

73. 选择嵌环时,嵌环的槽宽应比钢丝绳的直径_____。
    A. 略大些　　　　　　　　　　　　B. 略小些
    C. 相同

74. 钩的尺寸是量取_____的大小。
    A. 钩把　　　　　　　　　　　　　B. 钩背
    C. 钩尖

75. 在多种钩子中,能在受力的情况下脱钩的是_____。
    A. 正面钩　　　　　　　　　　　　B. 滑钩

C. 抱钩

76. 直型卸扣与圆形卸扣相比较,_____。

    A. 直型卸扣强度大   B. 圆形卸扣强度大

    C. 强度一样大

77. 关于夹紧卸扣的正确使用方法是_____。

    A. 钢丝绳的绳端在圆头   B. 钢丝绳的绳端在叉头

    C. 没有区别

78. 船舶常用的索具有卸扣、钩、套环、紧索夹、索头环和_____等。

    A. 动索   B. 静索

    C. 松紧螺丝

79. 卸扣大小的量法是量卸扣_____直径。

    A. 开口   B. 横销

    C. 本体

80. 松紧螺丝的大小以整个螺丝扣的_____和螺杆直径来表示。

    A. 最大长度   B. 最小长度

    C. 最大与最小长度

81. 夹紧卸扣也叫紧索夹或钢丝夹头、绳头卸扣,其尺寸是量_____的大小。

    A. 本体   B. 长度

    C. "U"形开档

82. 选用夹紧卸扣时,应使_____和钢丝绳直径相同。

    A. 开档尺寸   B. 本体尺寸

    C. 长度

83. 套环又称心环和嵌环,选用套环时应使套环槽宽比绳索直径_____。

    A. 略小一点   B. 略大一点

    C. 相等

84. 吊升重量较大物时,为保证安全应选用_____。

    A. 吊钩   B. 卸扣

    C. 眼环

85. 吊货时为防止货物转动时吊货索发生扭缠,应选用_____。

    A. 滑钩   B. 抱钩

    C. 旋回钩

86. 松紧螺丝在使用时,为防止套筒在受力时自由转动,可在螺杆内端与套筒间嵌入_____。

    A. 定位销   B. 制止块

C. 垫片

87. 紧索夹使用时,必须将钢丝绳的_____放在夹座一面,钢丝绳的_____压在"U"形圆头的下面以使绳端部分压紧防止滑脱。

    A. 长端;短端   B. 短端;主干部分

    C. 短端;长端

88. 甲板上常用于收紧钢丝绳和链索的索具是_____。

    A. 卸扣   B. 紧索夹

    C. 松紧螺旋扣

89. 钩上如长时间挂有物体,应用小绳将钩背与钩尖之间扎紧。

    A. 对   B. 错

90. 嵌环嵌在索眼中,以防止绳索过度弯曲和磨损。

    A. 对   B. 错

91. 关于卸扣使用保管方法,不正确的是_____。

    A. 装卸设备上用的卸扣为防止销子脱落,应用穿钉或钢丝固定销子

    B. 带螺纹的销子应保护螺纹不受损伤

    C. 防止卸扣的生锈,应在螺纹处涂油漆

92. 甲板作业中广泛使用的连接索具是_____。

    A. 卸扣   B. 钩子

    C. 眼环

93. 船上多用_____来作静索,如桅杆、烟囱的支索,还用于与绞车配合的拖索和系船索。

    A. 硬钢丝绳   B. 半硬钢丝绳

    C. 软钢丝绳

94. 船上一般用_____来作拖缆、保险缆和系船缆,也可用作吊货索。

    A. 硬钢丝绳   B. 半硬钢丝绳

    C. 软钢丝绳

95. 船上常用_____来作动索,如拖缆、系船缆、滑车绳、吊货索、吊艇索、辘绳、牵引绳等。

    A. 硬钢丝绳   B. 半硬钢丝绳

    C. 软钢丝绳

96. 纤维绳的规格,根据船上的习惯,一般都量它们的_____,并用英寸(25.4毫米)做计算单位,因为估算强度时比较方便。

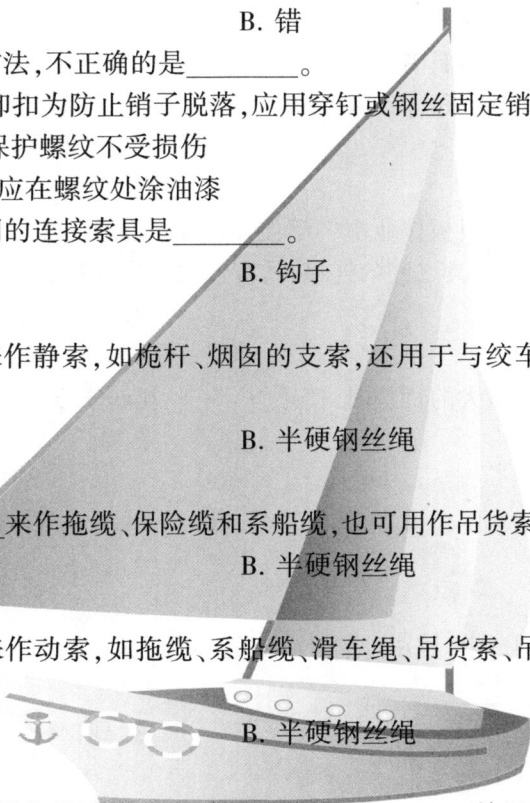

    A. 圆周   B. 半径

    C. 直径

97. 船用纤维绳的长度通常是_____。

①每捆200米;②英制的是120拓

A. ①

B. ②

C. ①②

98. 船舶缆绳库存时应保持适当的_____并注意良好通风。防止与酸、碱、盐等化学品接触以免腐烂。

A. 温度

B. 湿度

C. 温度和湿度

99. 船舶钢丝缆绳应定期保养。静索应涂油漆,_____重涂一次;动索_____除锈并涂钢丝油以防锈蚀。

A. 每6个月;每1~2个月

B. 每1~2个月;每6个月

C. 每2个月;每6个月

100. 船上常用的索具有_____等。

①卸扣;②眼板;③钩;④眼环

A. ①②③

B. ①②④

C. ①②③④

101. _____是甲板作业中广泛使用的连接索具,可用于绳索与绳索、索具与索具、绳索与索具之间的连接,具有连接可靠等特点。

A. 卸扣

B. 钩子

C. 眼板

102. 吊挂的重量大的货物时,使用_____比较安全。

A. 卸扣

B. 钩子

C. 眼板

103. 钩子斜钩在甲板、舷墙等处的活动眼环上时,应使钩尖_____才不易滑脱。

A. 朝上

B. 朝下

C. 张开

104. 钢丝绳构造中,如6股钢丝中间夹一股油麻芯,而各股中间没有油麻芯的钢丝绳叫_____。

A. 软钢丝

B. 硬钢丝

C. 半硬钢丝

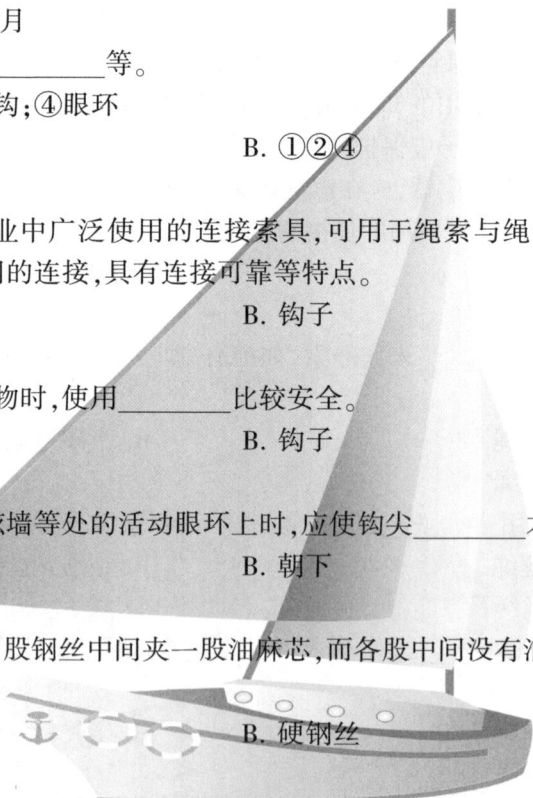

105. 船用绳结中,适宜于两根细绳连接的绳结是_____。

A. 单套结

B. 平结

C. 双套结

106. 上高作业中,用绳索穿过滑车的绳孔后,为防止绳索滑出,应在绳索上系_____。

    A. 圆材结　　　　　　　　　　　B. "8"字结

    C. 旋圆两半结

107. _____用于临时制住受力的缆绳,以便缆绳挽桩或上绞车收紧缆绳。

    A. 制索结　　　　　　　　　　　B. 撇缆活结

    C. 压缆活结

108. 船用绳结中,适宜于两根细绳连接的绳结是_____。

    A. 单套结　　　　　　　　　　　B. 平结

    C. 双套结

109. 用于绳端系固在圆形物体或小绳与大缆垂直相接的是_____。

    A. 丁香结　　　　　　　　　　　B. 缩帆结

    C. 单编结

110. 上高作业中,用绳索穿过滑车的绳孔后,为防止绳索滑出,应在绳索上系圆材结。

    A. 对　　　　　　　　　　　　　B. 错

111. _____用于临时制住受力的缆绳,以便缆绳挽桩或上绞车收紧缆绳。

    A. 制索结　　　　　　　　　　　B. 撇缆活结

    C. 压缆活结

112. 高空舷外作业时,可暂时代替座板的是下列哪一个绳结?

    A. 双套结　　　　　　　　　　　B. 单套绳

    C. 丁香结

113. 常用绳结中,_____是作为拖曳、起吊、抬杠用的绳结。

    A. 平结　　　　　　　　　　　　B. 圆材结

    C. 撇缆活结

114. 常用绳结中,_____是作为系泊用的绳结。

    A. 平结　　　　　　　　　　　　B. 圆材结

    C. 撇缆活结

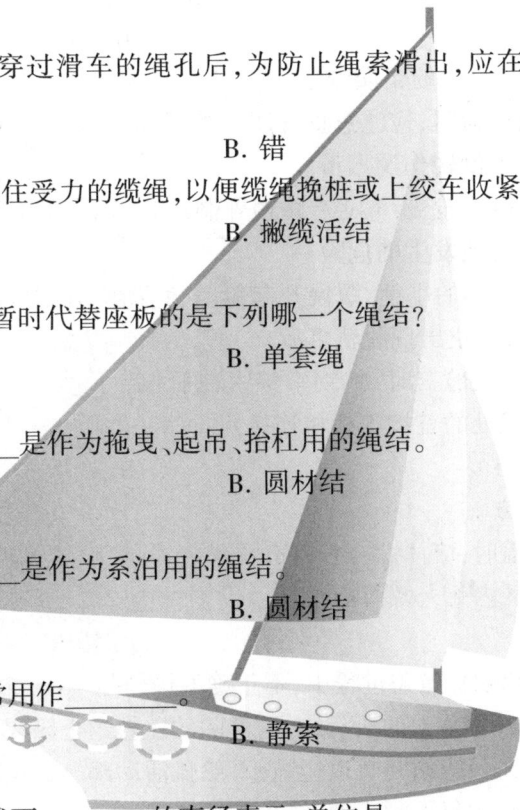

115. 半硬钢丝绳在船上常用作_____。

    A. 吊艇索　　　　　　　　　　　B. 静索

    C. 拖缆或系船缆

116. 钢丝缆的尺寸以其截面_____的直径表示,单位是_____。

    A. 外接圆;mm　　　　　　　　　B. 内接圆;mm

    C. 外接圆;cm

117. 钢丝缆的质量证书或国家标准中所查得破断负荷是单根钢丝破断负荷的总

和,而拧成绳索后,它的破断强度只有上述的_____。

    A. 90%   B. 87%

    C. 80%

118. 钢丝绳在某些情况下要降低强度使用,如进行过插接,使用强度要降低约_____。

    A. 10%   B. 30%

    C. 50%

119. 钢丝绳的正确盘法是_____。

    A. 右搓绳顺时针盘,左搓绳逆时针盘   B. 左搓绳顺时针盘,右搓绳逆时针盘

    C. 随意盘无特殊要求

120. 货舱盖按启闭动力不同可分机械牵引式和电力牵引式两种。

    A. 对   B. 错

121. 开启钢制舱盖的错误做法_____。

    A. 开启舱盖时,应注意推开所有楔子,清除舱盖轨道上阻碍物,以防止因出轨或滚轮倒转伤及人员

    B. 操作机动舱盖,务必严格遵守制造商指示,并须特别告诫有关人员,指示使用时可能发生的危险

    C. 考虑船体的平衡,缓慢开起舱盖,起动中大副或水手长应站在舱盖上进行指挥,防止出现脱轨事故

122. 关闭滚动式舱盖时,将钢索穿入在舱口_____的开口导向滑车内,再用卸扣与收藏处的首端盖板相连接。

    A. 正前方   B. 正后方

    C. 正上方

123. 开启舱盖时,应注意打开所有压紧装置,清除舱盖轨道上的障碍物,确认盖上及堆置区内无人及留存物品。

    A. 对   B. 错

124. 在开启船舶货舱盖过程中,不正确的操作是_____。

    A. 应打开舱盖上的所有楔子,清除舱盖轨道上阻碍物

    B. 有关人员应站在轨道边,查看舱盖活动部分的运转情况

    C. 开启后须打上制止器,防止舱盖移动

125. 四页液压铰链式舱口盖开启时先升起_____。

    A. 第一组盖板   B. 第二组盖板

    C. 任意一组盖板

126. 由盖板、水密装置、导向装置和压紧装置等部分组成,各盖板之间用链条连接,可沿舱口围板两边面板行走的舱盖叫_____。

    A. 滚动式舱盖　　　　　　　　　B. 折叠式舱盖

    C. 提升式舱盖

127. 四页液压铰链式舱口盖关闭时_____先下滑。

    A. 第一组盖板　　　　　　　　　B. 第二组盖板

    C. 任意一组盖板

128. 在操纵起货机时,手柄操纵方向是手柄向前,吊钩下降,手柄向后,吊钩上升,手柄置于中间,吊钩不动。

    A. 对　　　　　　　　　　　　　B. 错

129. 甲板起重机俗称克令吊(crane),它的优点是工作面积大,机动灵活,操作方便,装卸效率高且又可为两个舱口服务。

    A. 对　　　　　　　　　　　　　B. 错

130. 回转式甲板起重机由基座、回转塔架、吊臂、操纵装置等组成。

    A. 对　　　　　　　　　　　　　B. 错

131. 关于悬臂式甲板起重机基本工作原理说法错误的是_____。

    A. 起重机可沿甲板上的轨道前后左右移动

    B. 悬臂可向两舷伸出

    C. 滑车组可沿着悬臂移动

132. 组合式起重机如果一台起重机的起重能力为 25 t,则两台并联工作时的最大起重能力_____。

    A. 大于 50 t　　　　　　　　　　B. 为 50 t

    C. 小于 50 t

133. 回转式甲板起重机操作主令中,控制吊臂变幅和塔架旋转为双主令:手柄向前,吊臂幅度_____;手柄向后,吊臂幅度_____。

    A. 减小;增大　　　　　　　　　B. 增大;减小

    C. 减小;停止

134. 回转式甲板起重机操作主令中,控制吊臂变幅和塔架旋转为双主令:手柄向左,塔架_____转;手柄向右,则_____转。

    A. 右;左　　　　　　　　　　　B. 左;停

    C. 左;右

135. 起货机的主、副卷筒可以同时使用。

    A. 对　　　　　　　　　　　　　B. 错

136. 回转式甲板起重机其头部装有两套滑轮组,分别供吊货索和千斤索用。

A. 对   B. 错

137. 回转式起重机操作主令中,控制吊货索的是单主令,即手臂向前,吊钩
　　 _____,手臂向后,吊钩_____;控制吊臂变幅和塔架旋转的是双主令,
　　 即手臂向前,幅度_____,手臂向后,幅度_____,手臂向左,塔架
　　 _____,手臂向右,塔架_____。
　　 A. 上升;下降;减小;增大;右转;左转
　　 B. 下降;上升;增大;减小;右转;左转
　　 C. 下降;上升;增大;减小;左转;右转

138. 组合是起重机如果一台期中能力是 25 t,则两台并联工作时的最大起重能
　　 力_____。
　　 A. 等于 50 t   B. 大于 50 t
　　 C. 小于 50 t

139. 组合式起重机独立工作时,当一台进入干涉区时,极限开关起作用,使另一台
　　 不能越出_____的范围,以免发生两吊碰撞。
　　 A. 100°   B. 140°
　　 C. 180°

140. 起吊杆时,应先打开_____
　　 A. 千斤索升降机的保险销   B. 吊杆支架的铁箍
　　 C. 自动铁舌

141. 组合式起重机当两台起重机独立工作时,两台起重机可以分别绕各自的小转
　　 盘旋转 360°。
　　 A. 对   B. 错

142. 回转式甲板起重机操作主令中,控制吊货索起升的为单主令:手柄向前,吊钩
　　 _____;手柄向后,吊钩_____。
　　 A. 降下;上升   B. 上升;降下
　　 C. 降下;停止

143. 指挥者应使作业人员能清楚地看到指挥动作,以便正确执行,因此站在操纵
　　 者的正前方比较合适。
　　 A. 对   B. 错

144. 甲板起重机是目前船上配备最多的装卸设备。
　　 A. 正确   B. 错误

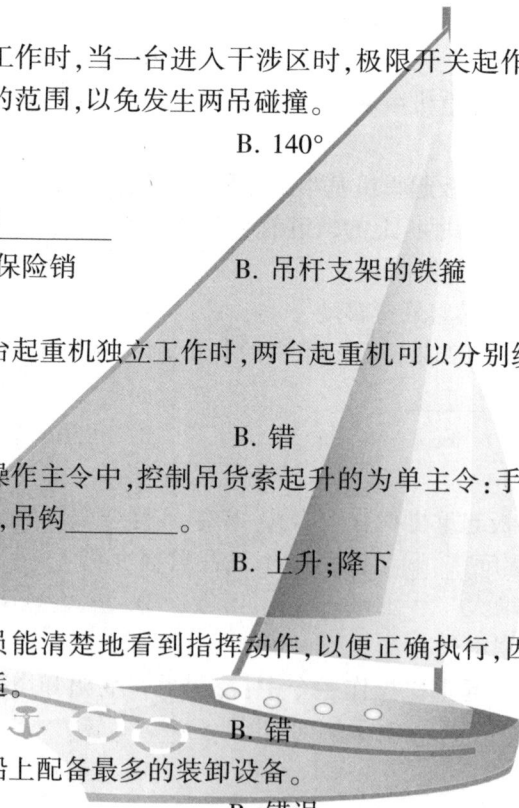

参考答案

第一节 引航员软梯、舷梯

1. A   2. B   3. A   4. A   5. C   6. C   7. B   8. C   9. A   10. A

第二节 甲板和甲板上所用工具

1. A	2. A	3. B	4. B	5. B	6. A	7. A	8. C	9. C	10. B
11. A	12. A	13. B	14. A	15. B	16. B	17. B	18. C	19. A	20. B
21. A	22. C	23. B	24. A	25. A	26. A	27. B	28. B	29. B	30. C
31. A	32. A	33. C	34. A	35. A	36. C	37. B	38. B	39. A	40. A
41. B	42. B	43. B	44. C	45. C	46. B	47. A	48. A	49. A	50. B
51. A	52. A	53. B	54. B	55. B	56. B	57. B	58. C	59. A	60. B
61. C	62. B	63. A	64. A	65. B	66. A	67. A	68. A	69. C	70. B
71. A	72. B	73. A	74. B	75. B	76. A	77. A	78. C	79. C	80. C
81. C	82. A	83. B	84. B	85. B	86. A	87. A	88. C	89. A	90. A
91. C	92. A	93. A	94. B	95. C	96. A	97. C	98. C	99. A	100. C
101. A	102. A	103. A	104. C	105. B	106. B	107. A	108. B	109. A	110. B
111. A	112. A	113. B	114. C	115. C	116. A	117. B	118. A	119. A	120. B
121. C	122. A	123. A	124. B	125. B	126. A	127. A	128. A	129. B	130. A
131. A	132. B	133. A	134. C	135. B	136. A	137. C	138. A	139. B	140. B
141. B	142. A	143. B	144. A						

第八章

职业健康和安全预防措施

第一节　高空作业

1. 高空作业时将上高绳的一端穿过辫子滑车后,为防止上高绳从滑车中滑出,通常在绳头上打一个_____。

   A. "8"字结　　　　　　　　　　　B. 单套结

   C. 单索花

2. 以下有关搭跳作业安全操作注意事项说法错误的是_____。

   A. 舷外搭跳时,在甲板上应有专人负责照顾安全工作及传送工具等,不得随意离开

   B. 烟囱搭跳工作前应和机舱联系,烟囱热度不能过高,不能拉汽笛,不能放蒸汽

   C. 驾驶台搭跳,松移跳板时两脚不得蹬住驾驶台外墙壁,以免弄脏

3. 高空作业是指在工作基面_____以上的地方作业。

   A. 2 m　　　　　　　　　　　　　B. 2.5 m

   C. 3.0 m

4. 高空作业使用的上高绳(也称坐板绳)采用直径_____左右的白棕绳,长度为桅高的两倍以上。

   A. 10 mm　　　　　　　　　　　　B. 20 mm

   C. 26 mm

5. 进行高空作业的人员应系好安全带,系牢保险绳,戴好安全帽;桅上工作人员不准穿_____和过宽、过大的衣服。

   A. 软底鞋　　　　　　　　　　　　B. 硬底鞋

   C. 工作安全鞋

6. 以下说法正确的是_____。

   A. 桅上作业所需工具,必要时可以把工具插在腰间或装在衣袋内

   B. 桅上作业所需工具,必须装入桶内或工具袋内,并将桶或工作袋系在安全绳上

C. 桅上作业所需工具,必须装入桶内或工具袋内,并将桶或工作袋系在座板上

7. 关于烟囱外搭跳的注意事项错误的是_____。

A. 工作前不必和机舱联系好　　　B. 烟囱的温度不能过高

C. 不能放蒸汽

第二节　舷外作业

1. 舷外作业时,应事先通知有关部门,关闭舷边_____,禁止使用与这些出水孔相连接的浴室、厕所等。

A. 出水孔　　　　　　　　　B. 排气孔

C. 厨房

2. 舷外作业使用的工具、索具有_____。

①架板;②架板绳;③安全带连保险绳;④安全帽;⑤救生衣;⑥救生圈

A. ①②③　　　　　　　　　B. ①②③④⑤⑥

C. ①②③④⑤

3. 烟囱外搭跳使用的工具有_____。

①准备卸扣或"S"形钩子;②架板、架板绳;③木滑车;④安全带连保险绳;⑤安全帽;⑥工作绳

A. ①②③④⑤⑥　　　　　　B. ②③④⑤⑥

C. ③④⑤⑥

4. 搭跳安全操作注意事项错误的是_____。

A. 舷外搭跳时,在甲板上应有专人负责照顾安全工作及传送工具,如有其他工作需要可以离开

B. 在架板上的工作人员一定要系好安全带及保险绳,上下架板时应与同伴相互联系,协调动作

C. 所有工具必须用工具袋或铁桶递送

第三节　封闭舱室作业

1. 以下属于封闭场所是_____。

①油柜;②压载舱柜污水舱柜;③货泵间;④舵机室

A. ①②③　　　　　　　　　B. ①②③④

C. ①②④

2. 凡要进入密闭场所作业必须进行通风,并用测氧仪测氧含量,应不低于_____,二氧化碳含量应不高于_____时方可进行监测。

A. 18%；5% B. 18%；2%
C. 16%；5%

3. 关于封闭场所作业准备工作错误的说法是_____。
   A. 装载过有毒、危险品的舱柜长时间通风即可，不必测毒
   B. 提前打开封闭空间的门、盖，切实关闭相关管系的阀门，并挂牌示警
   C. 通风时间宜长，最好强通风，对流风，并用测氧仪测量氧气含量

4. 关于封闭场所作业操作规程错误的说法是_____。
   A. 进入密闭场所，作业人员与监护人员应事先规定明确的联络信号
   B. 当发现缺氧或检测仪器出现报警时，必须立即停止危险作业，作业人员应迅速离开作业现场
   C. 在密闭场所作业，如安全操作得当，则不必配备抢救器具

5. 关于封闭场所作业中注意事项错误的说法是_____。
   A. 配备足够照明，有无可燃气体时，均可用 36 V 照明灯，不准火种进入
   B. 配备对讲机，并规定好联络信号
   C. 派专人在通常封闭空间外守护，保持与进入通常封闭空间的人员联络，不得离开

第四节　船舶清洁作业

1. 驾驶台及驾驶台两翼甲板、海图室的清洁工作由_____负责。
   A. 驾驶员 B. 水手长
   C. 值班水手

2. 在进行船舶清洁工作时，除应掌握先上后下、由上风到下风的原则外，还应掌握_____。
   A. 顺光 B. 顺水
   C. 先难后易

3. 用水冲洗钢制甲板时，皮龙通常应由_____人负责。
   A. 1 B. 2
   C. 3

4. 冲洗甲板时，应将不能关闭的通风筒扭转到_____。
   A. 上风一方 B. 下风一方
   C. 背水一方

5. 在进行油漆面的清洁工作中，为避免油漆面失去光泽，最后最好应用_____。
   A. 清水擦洗 B. 肥皂水擦洗
   C. 海水擦洗

参考答案

第一节　高空作业

1.A　　2.C　　3.A　　4.B　　5.B　　6.C　　7.A

第二节　舷外作业

1.A　　2.B　　3.A　　4.A

第三节　封闭舱室作业

1.A　　2.B　　3.A　　4.C　　5.A

第四节　船舶清洁作业

1.C　　2.C　　3.B　　4.C　　5.A

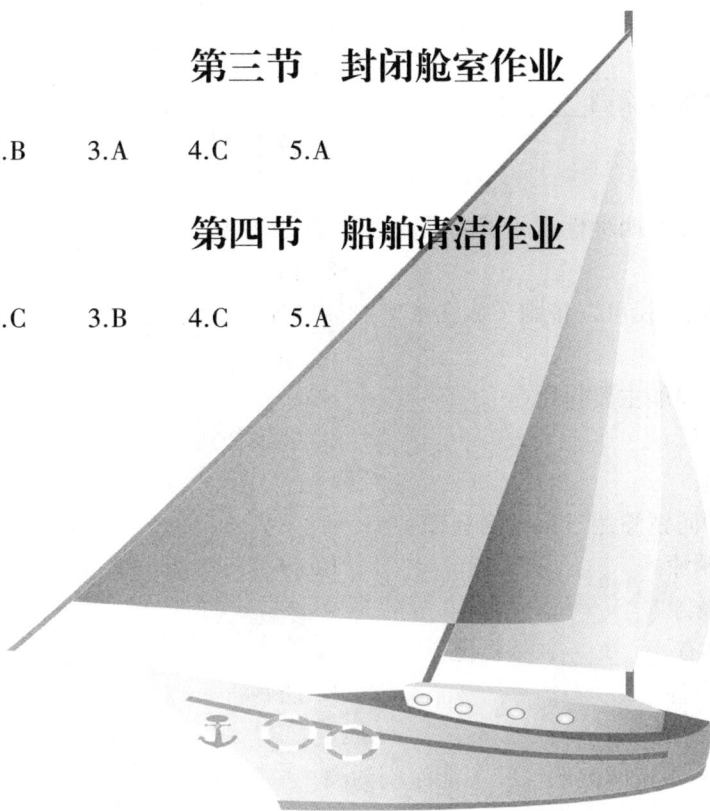

中华人民共和国海船船员培训大纲熟悉训练资源

第九章

维护和修理

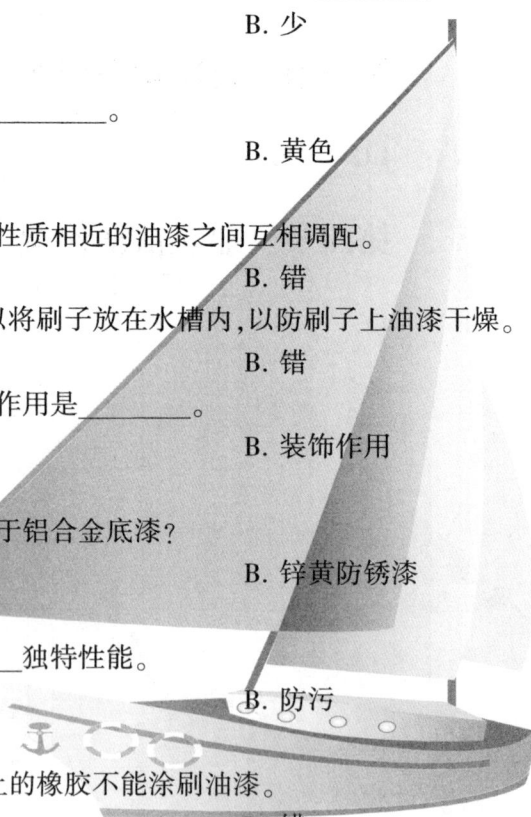

1. 喷涂的特点是涂装效率高,而且涂料、稀释剂损耗少。

    A. 对   B. 错

2. 喷涂时,油漆对稀释剂的需求比一般涂刷油漆时_____。

    A. 多   B. 少

    C. 相同

3. 灭火系统设备应涂刷_____。

    A. 红色   B. 黄色

    C. 绿色

4. 调配油漆可以在两种性质相近的油漆之间互相调配。

    A. 对   B. 错

5. 油漆作业结束后,可以将刷子放在水槽内,以防刷子上油漆干燥。

    A. 对   B. 错

6. 船舶涂料对船舶主要作用是_____。

    A. 防腐作用   B. 装饰作用

    C. 色彩标志

7. 下列哪一种防锈漆用于铝合金底漆?

    A. 铁红防锈漆   B. 锌黄防锈漆

    C. 灰色防锈漆

8. 甲板漆应具有_____独特性能。

    A. 耐干湿交替   B. 防污

    C. 耐摩擦、防滑

9. 油漆作业中,水密门上的橡胶不能涂刷油漆。

    A. 对   B. 错

10. 油漆作业中,通信设备天线可以涂刷油漆。

    A. 对   B. 错

11. 船底漆的面漆是防污漆。

A. 对   B. 错

12. 油漆的原色是_____。

    A. 红、黄、蓝   B. 红、黄、绿

    C. 蓝、绿、紫

13. 红丹防锈漆的主要防锈原理是物理防锈。

    A. 对   B. 错

14. 船舶轻载水线以下的船壳部分所用的油漆称为船底漆。

    A. 对   B. 错

15. 喷涂时喷嘴与涂面距离为20厘米左右,太近会产生流挂,太远又会发生喷雾干结现象。喷涂时,喷枪喷嘴与涂面应成直角。

    A. 对   B. 错

16. 大壶喷枪喷出涂料成扇形。扇形幅度和涂料流量可以由枪身后端的调节螺栓进行调节。

    A. 对   B. 错

17. 漆膜越厚保护能力越强,所以每涂刷一度,越厚、越均匀越好。

    A. 对   B. 错

18. 油漆中含有大量挥发性溶剂,过量吸入人体会引起中毒,所以工作场地应通风良好,可不穿戴防护用品。

    A. 对   B. 错

19. 油漆施工最好安排在夏、秋两季,干燥无风,气温在5~25 ℃时进行。

    A. 对   B. 错

20. 油漆作业的基本顺序是先上后下,先难后易,先里后外。

    A. 对   B. 错

21. 在船上油漆作业中,下列不正确的是_____。

    A. 施工中,应用棉纱将滴到地面的油漆及时擦掉

    B. 第一度油漆未干时,不能涂刷第二度漆

    C. 不同颜色的油漆相接时,应一次性涂刷完成

22. 一般情况下,油漆在_____小时可达到表面干燥,但完全干燥需要_____小时以上。

    A. 2;12   B. 4;24

    C. 8;36

23. 钢铁表面除锈结束后,一般至少应涂_____度防锈漆。

    A. 1   B. 2

    C. 3

中华人民共和国海船船员培训大纲熟悉训练资源

24. 调配油漆可以在两种性质相近的油漆之间互相调配。

    A. 对   B. 错

25. 下列哪一种防锈漆用于铝合金底漆？

    A. 铁红防锈漆   B. 锌黄防锈漆

    C. 灰色防锈漆

26. 船底漆的面漆是_____。

    A. 防锈漆   B. 底漆

    C. 防污漆

27. 油漆的原色是_____。

    A. 红、黄、蓝   B. 蓝、绿、紫

    C. 红、黄、绿

28. 船舶轻载水线以下的船壳部分所用的油漆称为_____。

    A. 船底漆   B. 水线漆

    C. 船壳漆

29. 船底漆应具有_____独特性能。

    A. 耐干湿交替   B. 防污

    C. 耐摩擦

30. 甲板漆应具有_____独特性能。

    A. 耐干湿交替   B. 防污

    C. 耐摩擦、防滑

31. 红丹防锈漆的主要防锈作用是_____。

    A. 物理防锈   B. 化学抑制作用

    C. 耐气候性

32. 漆膜越厚保护能力越强,所以每涂刷一度,越厚越均匀越好。

    A. 对   B. 错

33. 涂刷时,应布漆均匀,厚薄适当,刷纹整齐,并做到三顺。

    A. 对   B. 错

34. 喷涂的特点是涂装效率高,而且涂料、稀释剂损耗少。

    A. 对   B. 错

35. 喷涂时,油漆对稀释剂的需求比一般涂刷油漆用得多。

    A. 对   B. 错

36. 灭火系统设备应涂刷黄色。

    A. 对   B. 错

37. 油漆作业结束后,可以将刷子放在水槽内,以防刷子上油漆干燥。

A. 对　　　　　　　　　　　　　B. 错

38. 油漆作业中,下列哪个部位不能涂刷油漆?
    A. 水密门上橡胶　　　　　　　B. 甲板油管
    C. 阀门

39. 油漆作业中,下列哪个部位不能涂刷油漆?
    A. 水密门　　　　　　　　　　B. 甲板油管
    C. 通信设备天线

40. 涂漆前对涂物的表面无须处理,可直接涂油漆。
    A. 对　　　　　　　　　　　　B. 错

41. 油漆作业的基本顺序_____。
    ①先上后下;②先难后易;③先里后外;④留有退路
    A. ①②③　　　　　　　　　　B. ①②③④
    C. ②③④

42. 喷涂时喷嘴与涂面距离为_____厘米左右,太近会产生流挂,太远又会发生喷雾干结现象。喷涂时,喷枪喷嘴与涂面应成_____。
    A. 20;直角　　　　　　　　　B. 30;锐角
    C. 40;钝角

43. 油漆中含有大量挥发性溶剂,过量吸入人体会引起中毒,所以工作场地应通风良好,必要时应穿戴防护用品。
    A. 对　　　　　　　　　　　　B. 错

44. 油漆施工最好安排在夏、秋两季,干燥无风,气温在_____时进行。
    A. -10~20℃　　　　　　　　B. 5~25℃
    C. 10~35℃

45. 油漆作业的基本顺序是_____。
    A. 先上后下,先难后易,先里后外　　B. 先上后下,先难后易
    C. 先上后下,先易后难

46. 在油漆作业的操作中应做到"三顺",三顺是指_____。
    A. 顺水、顺风、顺光　　　　　B. 顺流、顺纹、顺眼
    C. 顺水、顺纹、顺光

47. 使用漆刷刷油漆时,漆刷毛蘸油漆约_____,然后把漆刷毛_____移至涂面上。
    A. 1/3~1/2;朝下　　　　　　B. 1/3~1/2;朝上
    C. 1/2~2/3;朝上

48. 在船上油漆作业中,不同颜色的油漆相接时,应一次性涂刷完成。

A. 对   B. 错

49. 一般情况下,油漆在_____小时可达到表面干燥,但完全干燥需要_____小时以上。

A. 2;16   B. 4;24

C. 8;36

50. 钢铁表面除锈结束后,一般至少应涂_____度防锈漆。

A. 3   B. 2

C. 1

51. 油漆作业的操作要求_____。

①顺水;②顺纹;③顺光

A. ①②   B. ②③

C. ①②③

52. 涂刷油漆时,漆刷毛蘸油漆约_____,然后把漆刷毛朝上,不使所蘸油漆下滴,再将油漆刷到涂面上。

A. 1/4~1/3   B. 1/3~1/2

C. 1/2~2/3

53. 一般情况下油漆在 4 h 可达到表面干燥,但完全干燥需_____h 以上,每一度油漆没干透不能涂刷第二度,否则会引起皱纹或龟裂。

A. 24   B. 8

C. 12

54. 不同颜色相接或打线时,一般情况下一次涂刷完成,所以打线时先刷浅色,后刷深色。

A. 对   B. 错

55. 关于油漆施工注意事项,下列说法不确切的是_____。

A. 油漆施工最好安排气温在 5~25°C 时进行

B. 漆面要干净、干燥,否则会影响漆膜质量

C. 室内油漆时应加强通风,以便加速漆面干燥

56. 下面哪种油漆具有防锈功能,还具有耐摩擦、耐日晒、耐化学品腐蚀、耐海水等性能。

A. 红丹防锈漆   B. 磁漆

C. 甲板漆

57. 下面哪种个油漆除具有防锈、防污性能外,还具有耐久、快干,附着力强等特性。

A. 磁漆   B. 甲板漆

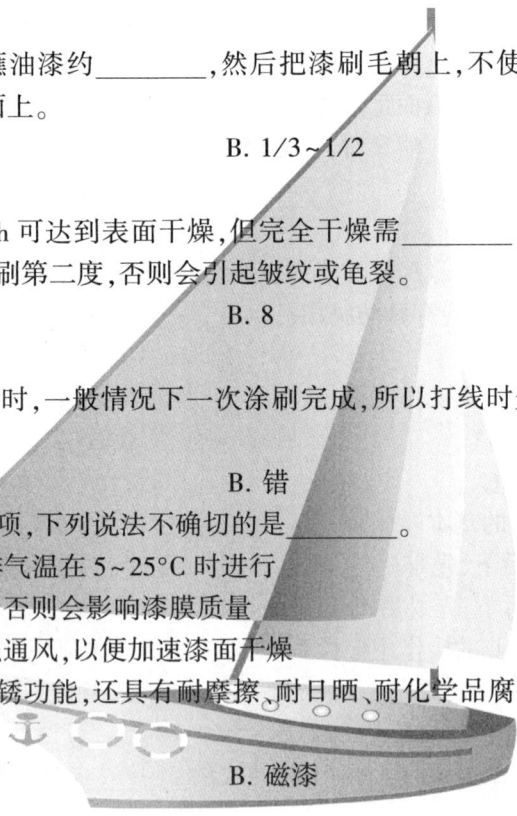

C. 船底漆

58. 涂刷油漆时,应先涂外面容易涂的地方,然后再涂里面难涂的地方。

　　A. 正确　　　　　　　　　　　　B. 错误

59. 使用喷枪喷涂油漆时,如漆雾太粗,可将压缩空气压力调高。

　　A. 正确　　　　　　　　　　　　B. 错误

60. 红丹防锈漆能被海水溶解,所以不适合涂在甲板上。

　　A. 正确　　　　　　　　　　　　B. 错误

61. _____用于涂刷难涂的角落和缝隙。

　　A. 笔刷　　　　　　　　　　　　B. 扁刷

　　C. 弯头刷

参考答案

1. B	2. A	3. A	4. B	5. A	6. A	7. B	8. C	9. A	10. B
11. A	12. A	13. B	14. A	15. A	16. A	17. B	18. B	19. A	20. A
21. C	22. B	23. B	24. B	25. B	26. C	27. A	28. A	29. B	30. C
31. B	32. B	33. A	34. B	35. A	36. B	37. A	38. A	39. C	40. B
41. B	42. A	43. A	44. B	45. A	46. C	47. B	48. B	49. B	50. B
51. C	52. B	53. A	54. B	55. C	56. C	57. C	58. B	59. A	60. B
61. C									

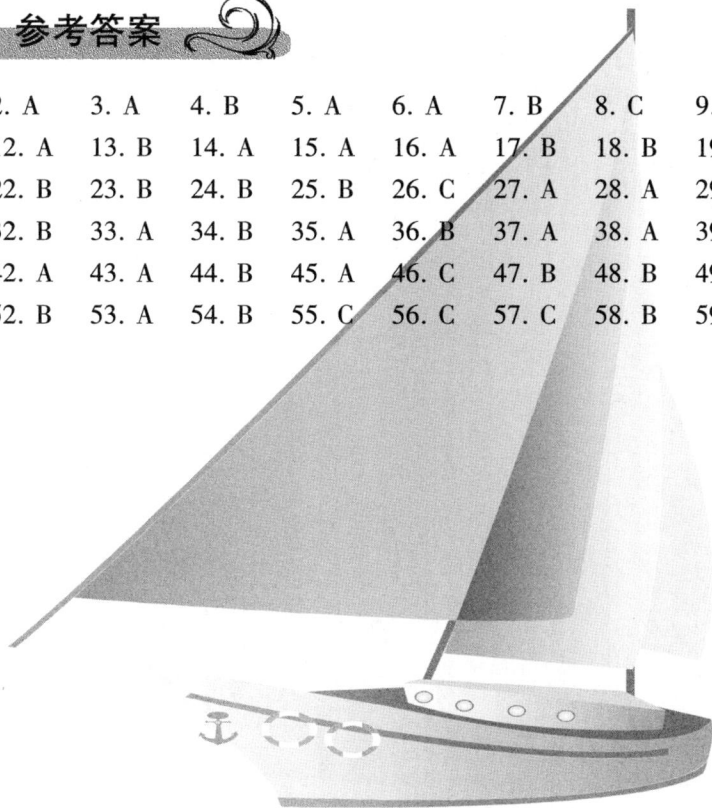